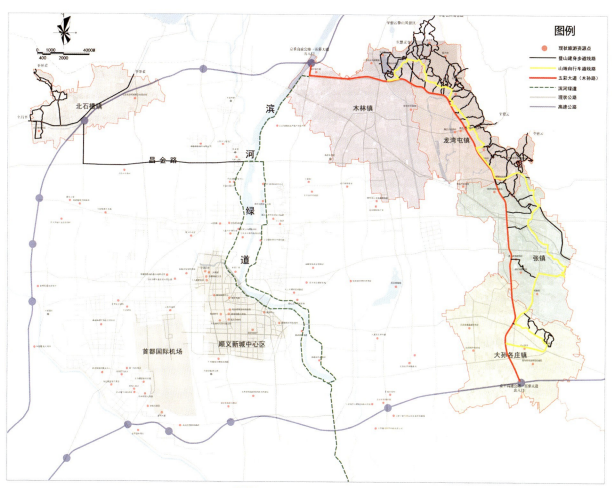

彩图1 顺义浅山区步道线路规划图

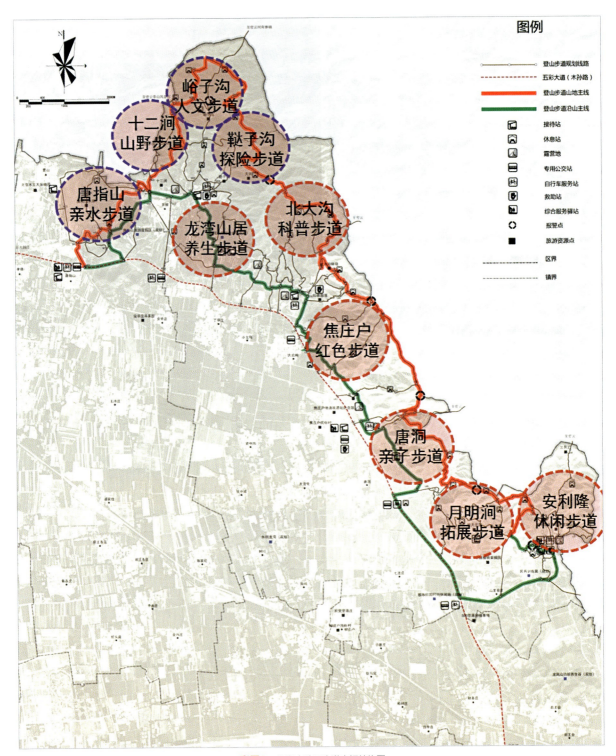

彩图2 顺义启动区步道空间结构图

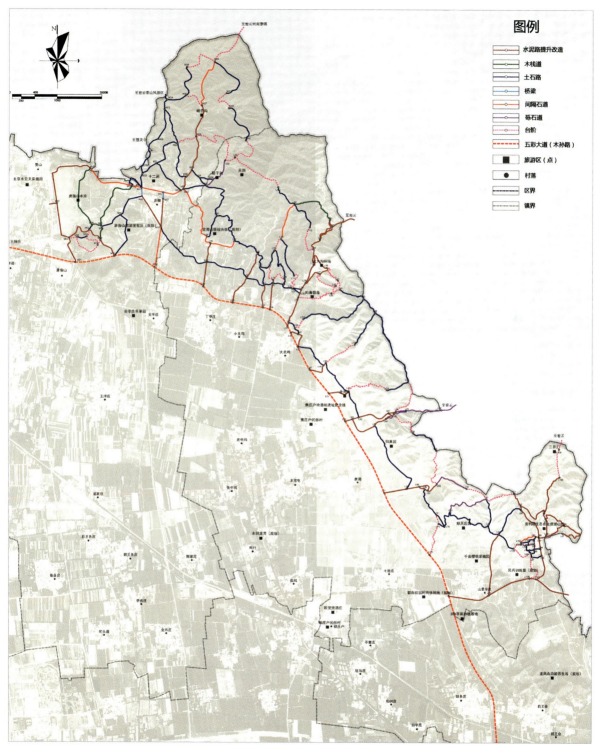

彩图3 顺义启动区步道材质布局图

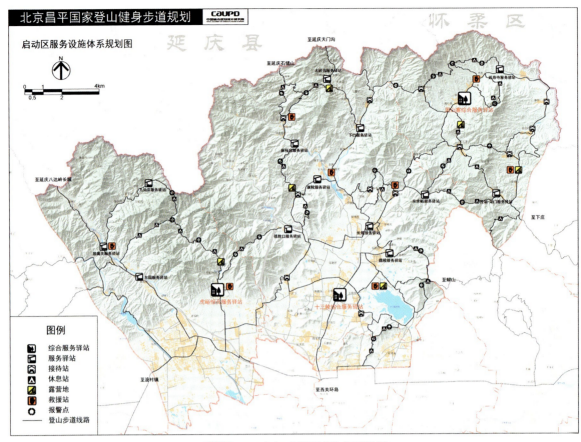

彩图4 昌平启动区步道服务设施体系规划图

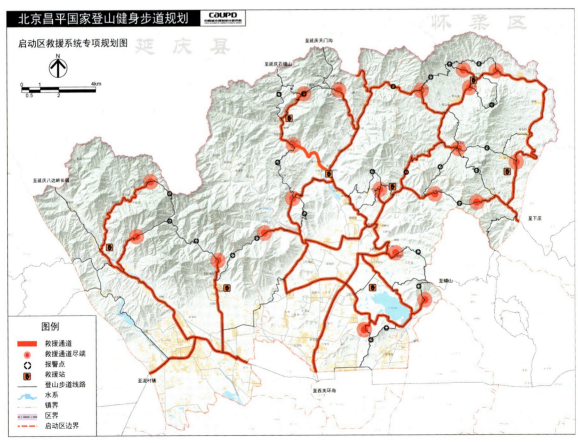

彩图5 昌平启动区安全救援系统专项规划图

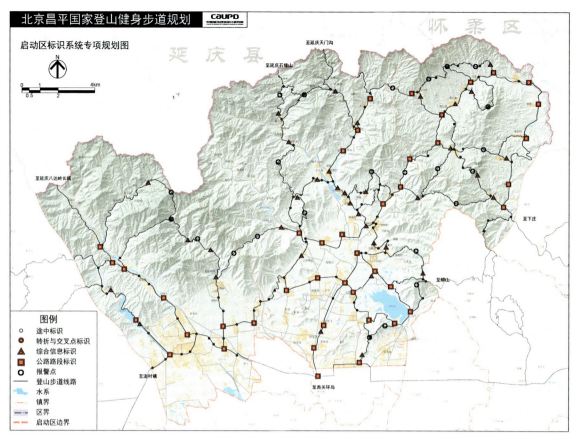

彩图6　昌平启动区标识系统专项规划图

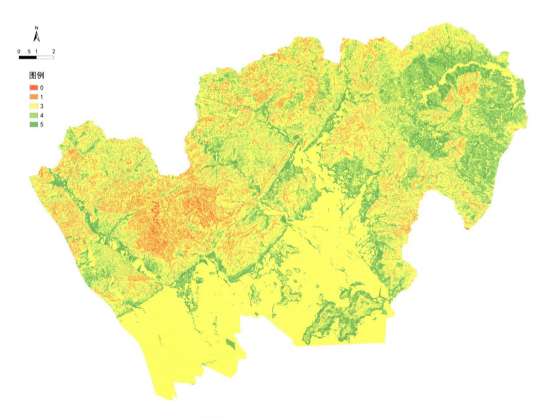

彩图7　昌平启动区坡度因子重分类得分图

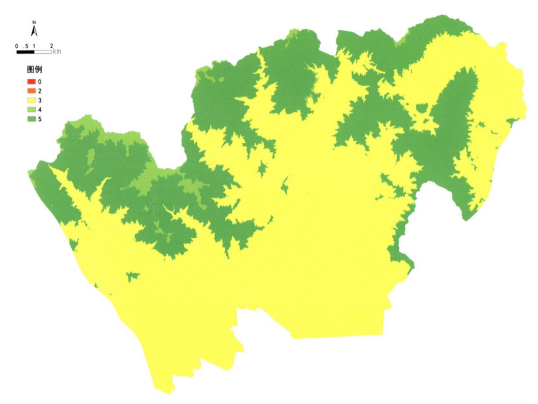

彩图8 昌平启动区高程因子重分类得分图

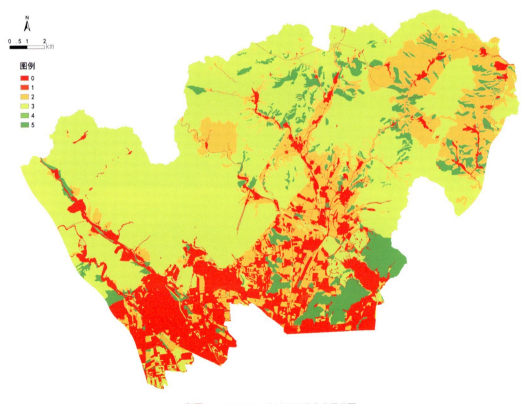

彩图9 昌平启动区植被因子重分类得分图

彩图10 昌平启动区景区因子重分类得分图

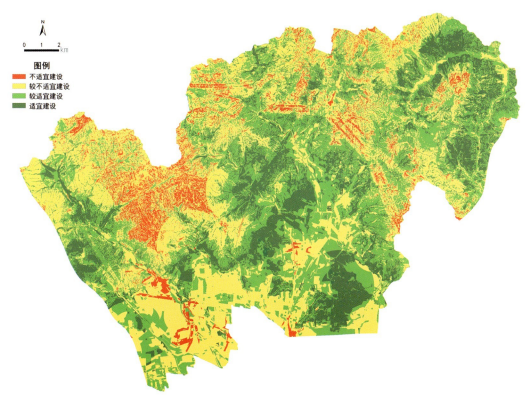

彩图11 昌平启动区国家登山健身步道的建设适宜性评价图

彩图12 居庸关长城步道的最小成本路径与踏勘定线的对比图

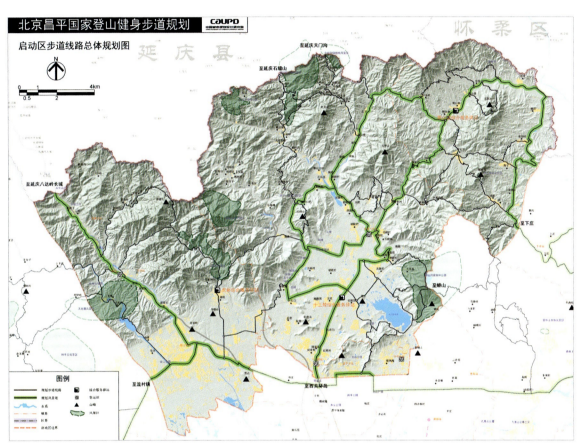

彩图13 昌平启动区国家登山健身步道线路规划图

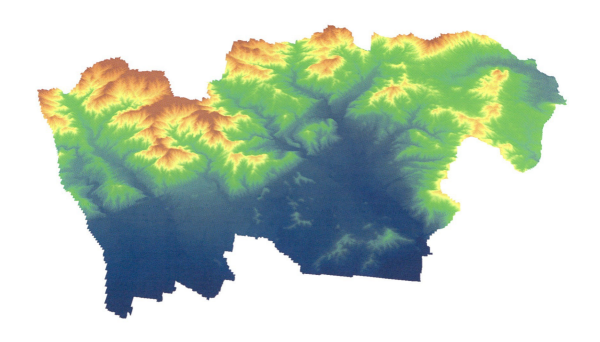

彩图14　昌平启动区3D地形图

彩图15　昌平启动区国家登山健身步道3D规划方案图

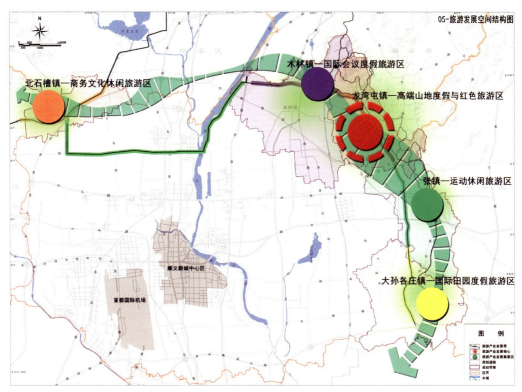

彩图16 顺义五彩浅山国际休闲度假产业发展带空间结构图

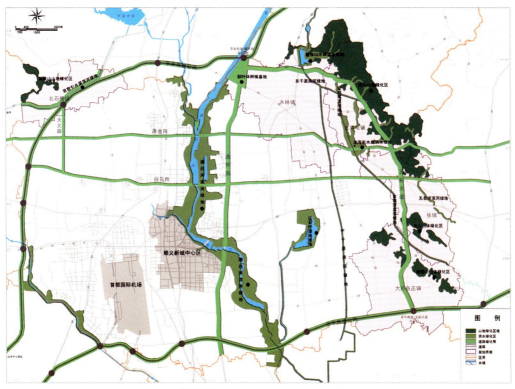

彩图17 顺义五彩浅山生态要素分布图

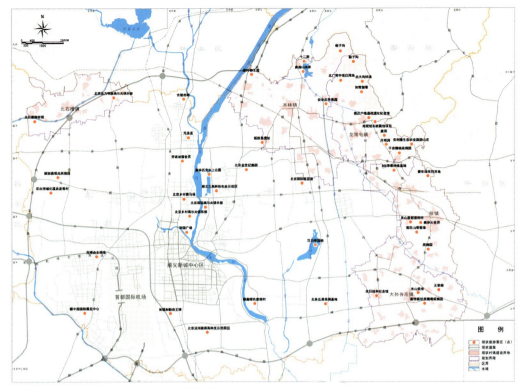

彩图18 顺义五彩浅山旅游资源分布图

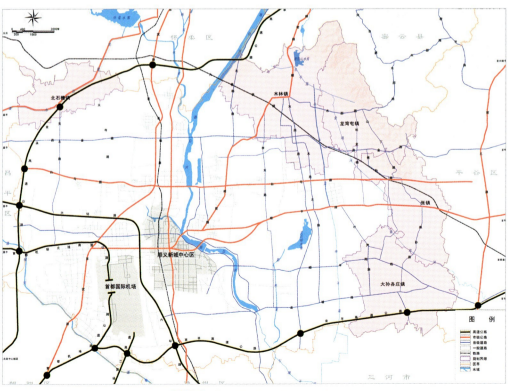

彩图19 顺义五彩浅山道路交通现状图

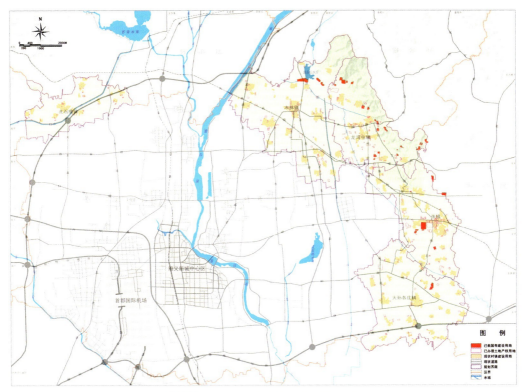

彩图20　顺义五彩浅山现状存量建设用地分布图

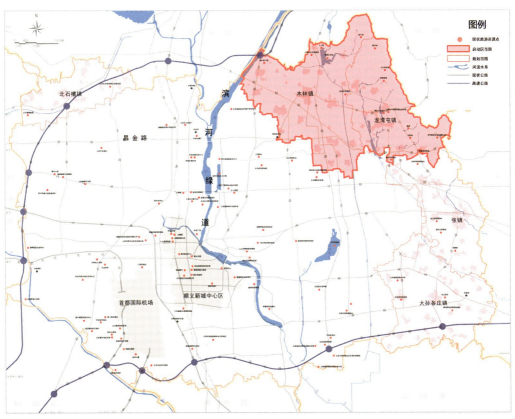

彩图21　顺义五彩浅山国家登山健身步道的启动区位置图

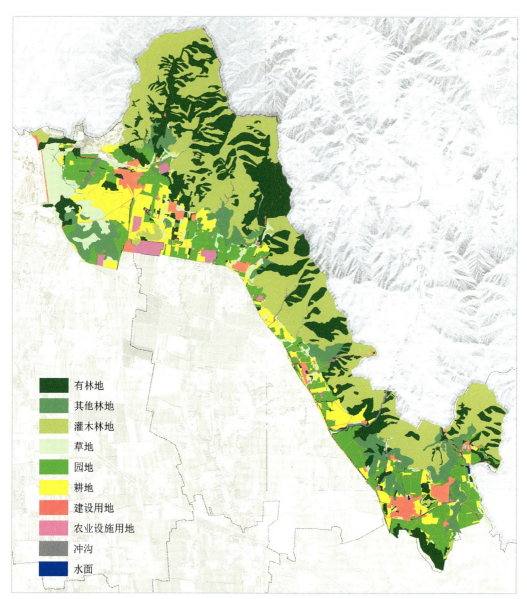

彩图22 顺义启动区植被分布图

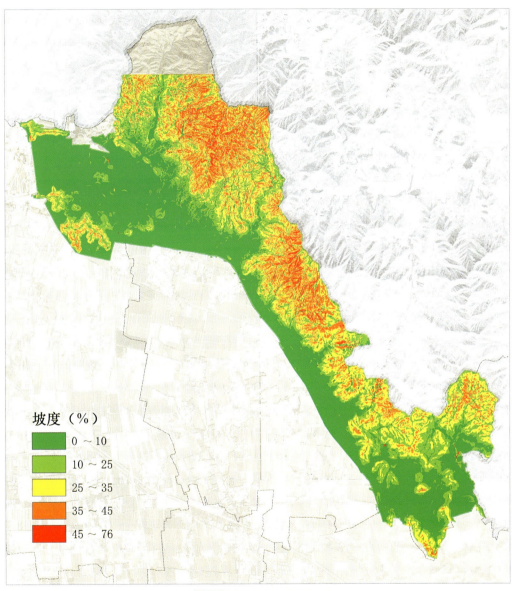

彩图23 顺义启动区坡度分析图

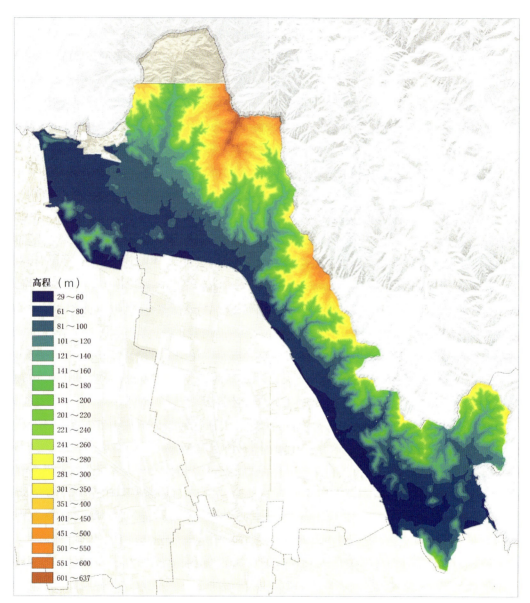

彩图24　顺义启动区高程分析图

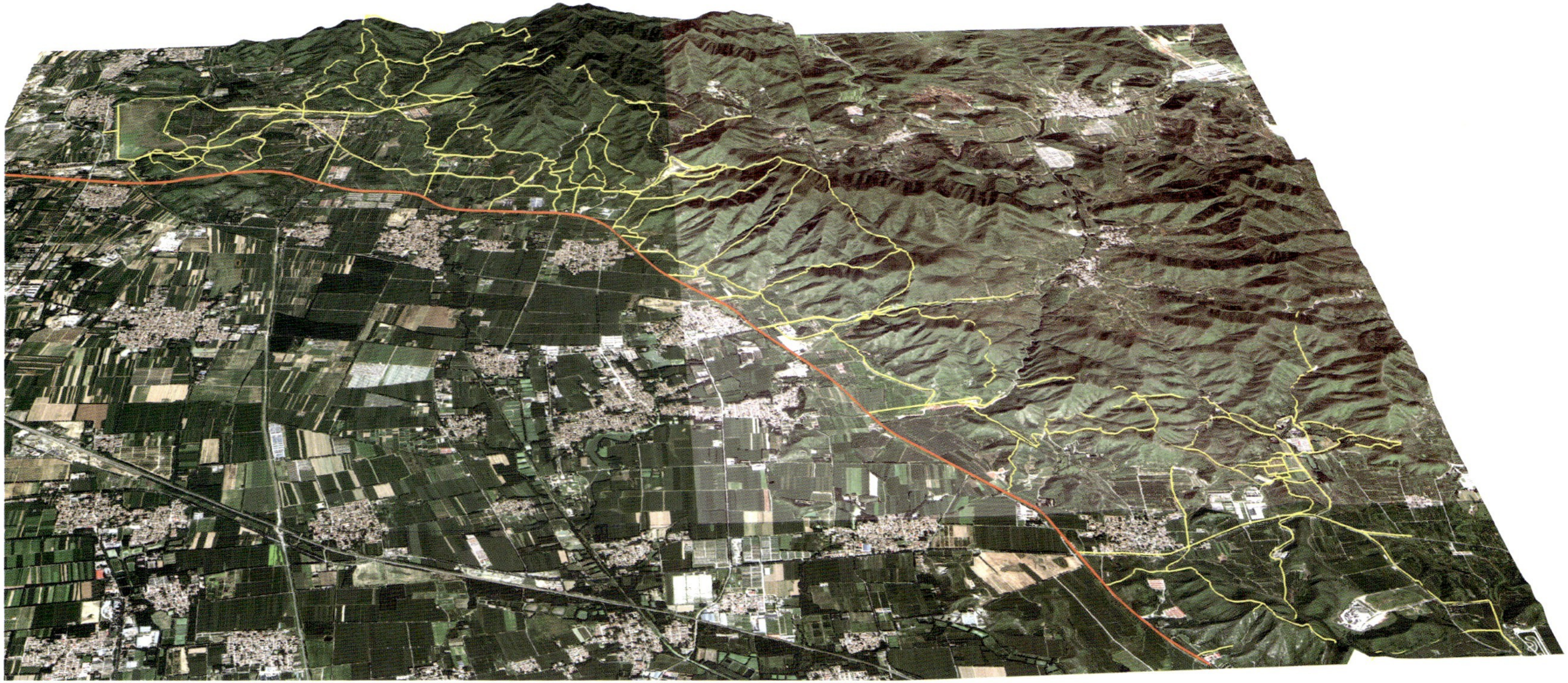

彩图25 顺义启动区3D步道规划图

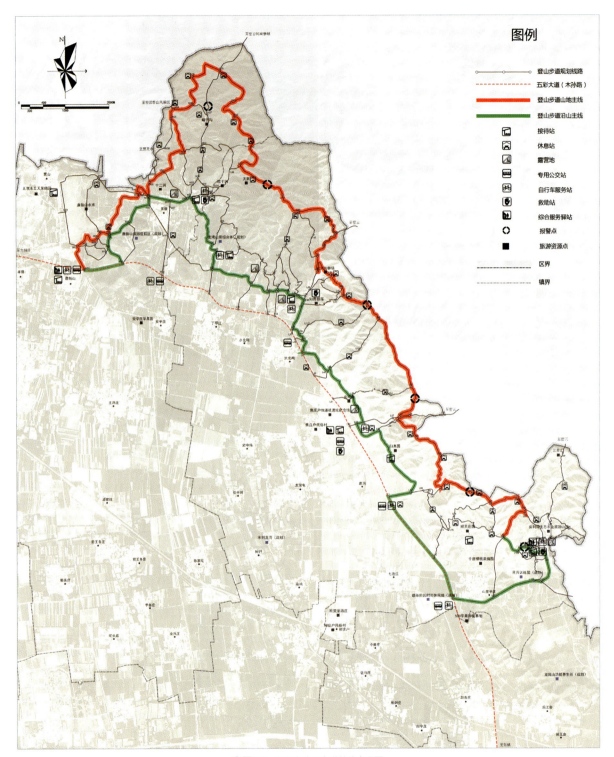

彩图26 顺义启动区步道总体布局图

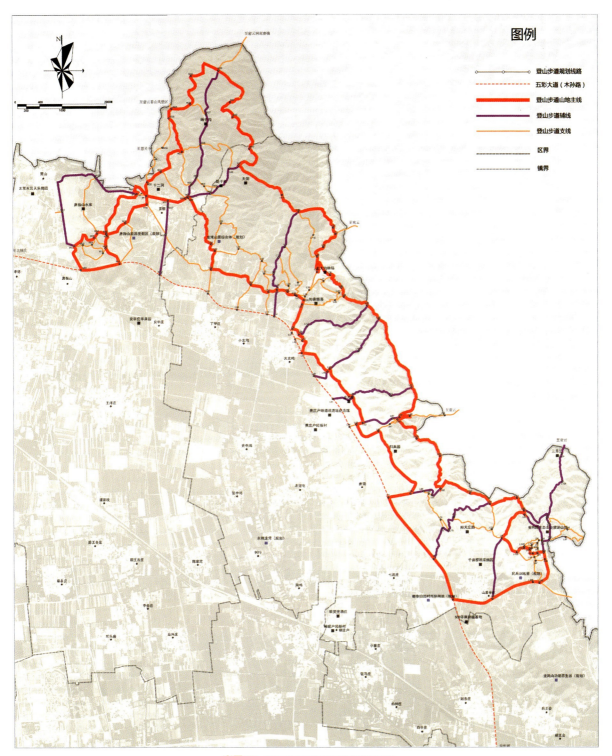

彩图27 顺义启动区步道主辅支线布局图

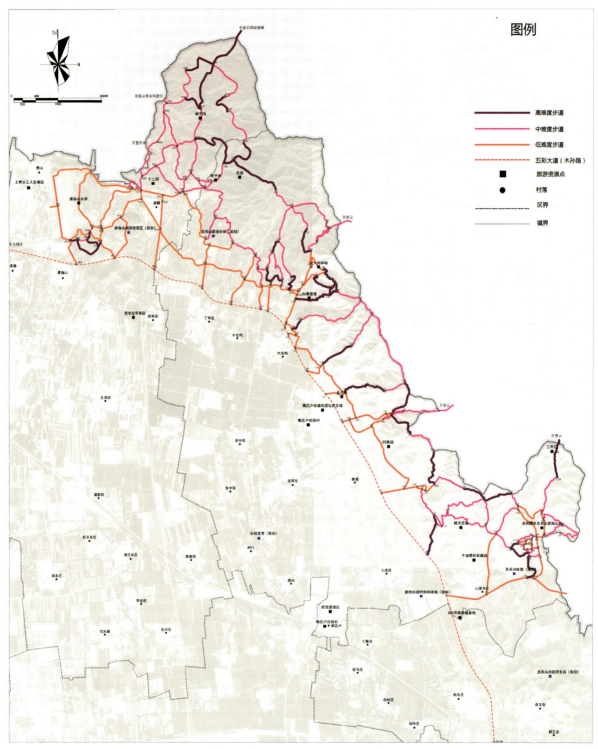

彩图28 顺义启动区步道分难度布局图

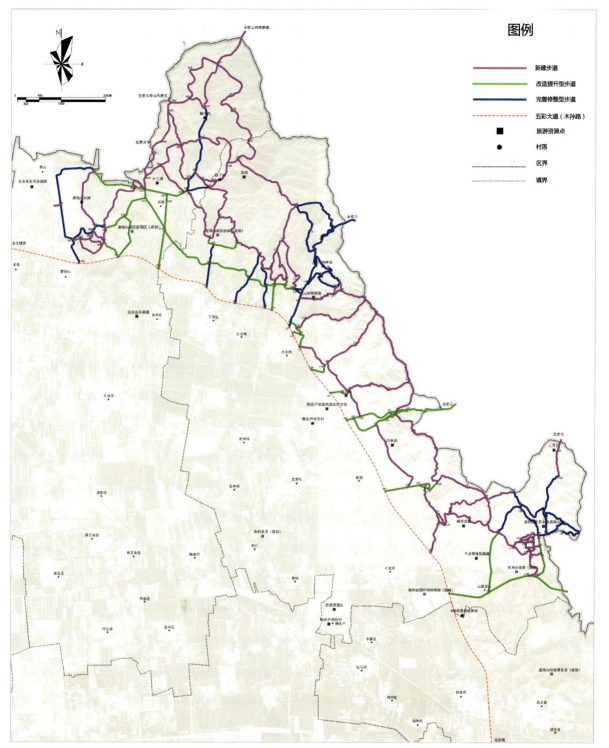

彩图29 顺义启动区步道分建设方式布局图

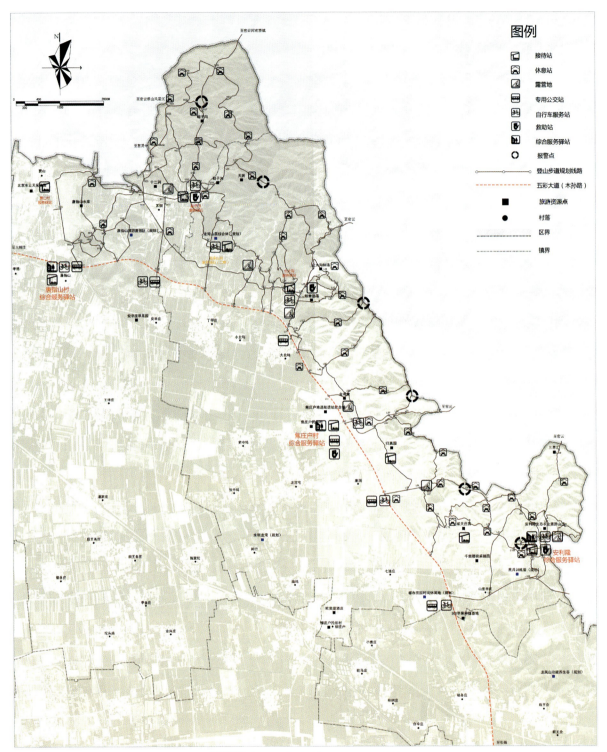

彩图30 顺义启动区步道服务设施体系布局图

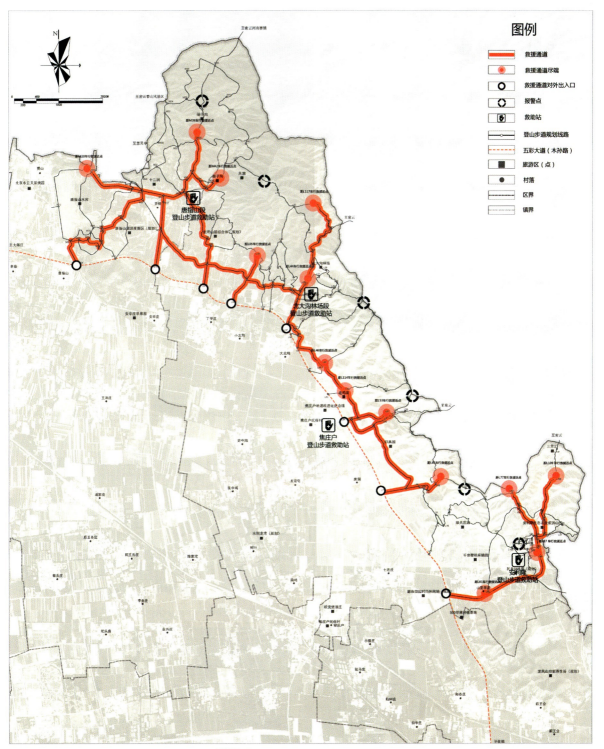

彩图31 顺义启动区步道救援设施布局图

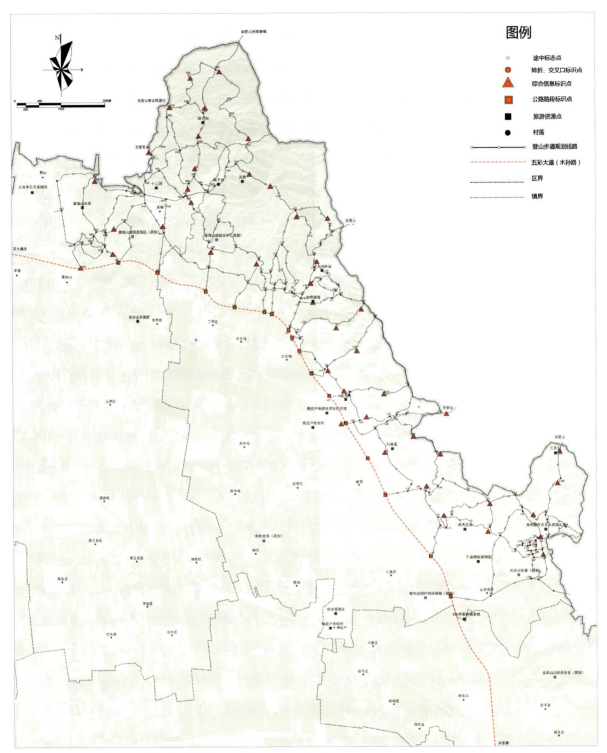

彩图32 顺义启动区步道标识系统布局图

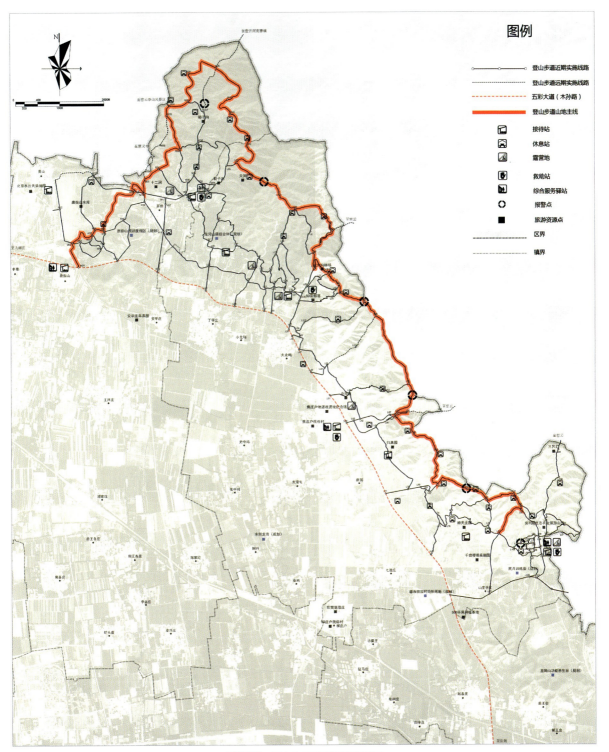

彩图33 顺义启动区近期建设规划图

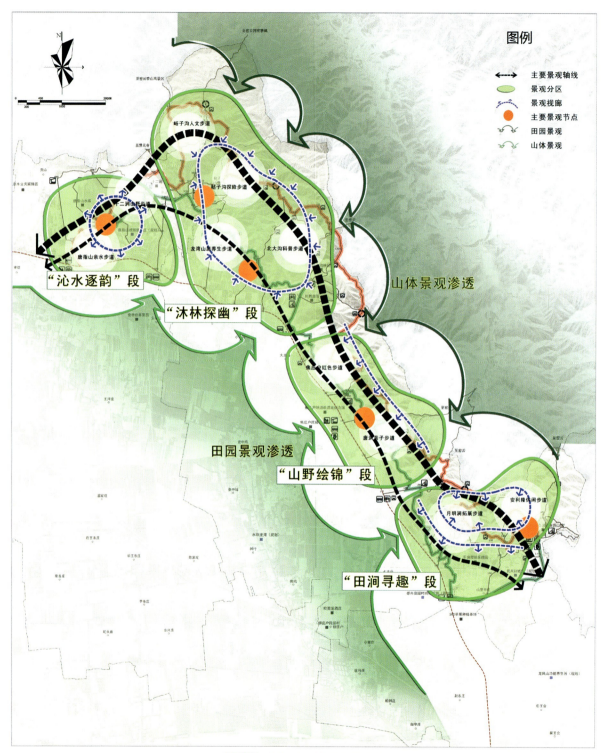

彩图34 顺义启动区步道景观引导图

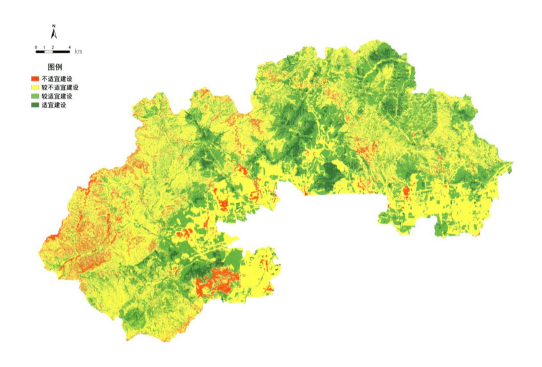

彩图35　昌平规划区步道建设适宜性评价结果图

彩图36　昌平启动区步道总体布局图

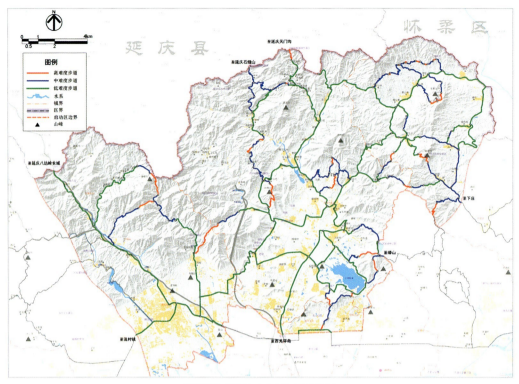

彩图37　昌平启动区步道难度规划图

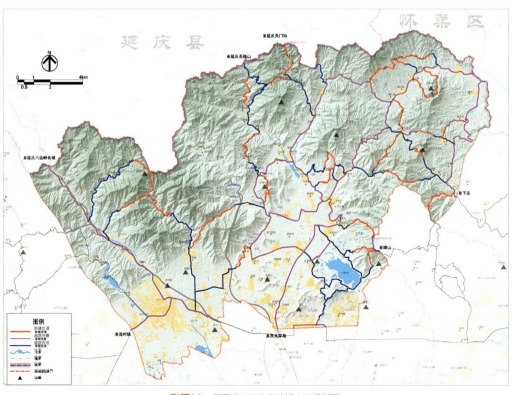

彩图38　昌平启动区步道建设方式规划图

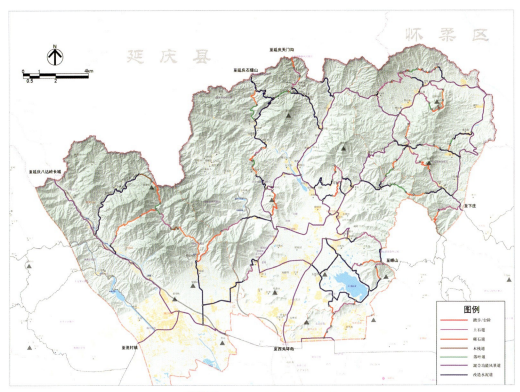

彩图39 昌平启动区步道材质规划图

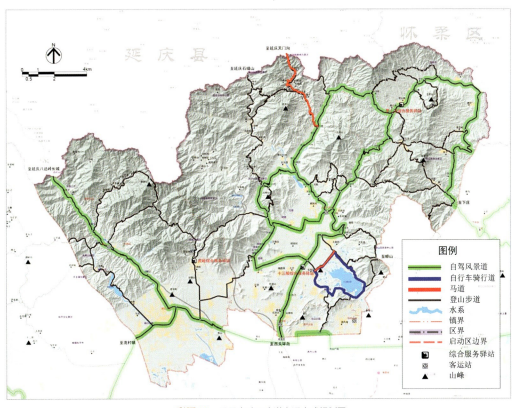

彩图40 昌平启动区步道交通方式规划图

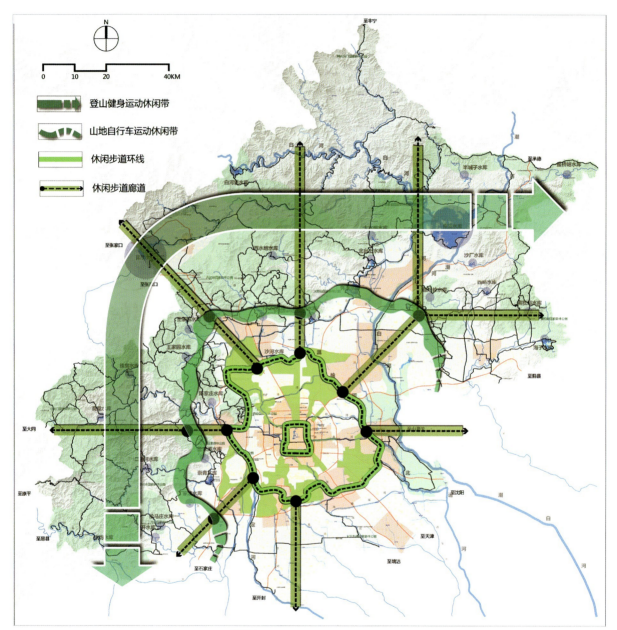

彩图41 北京市步道系统空间结构图

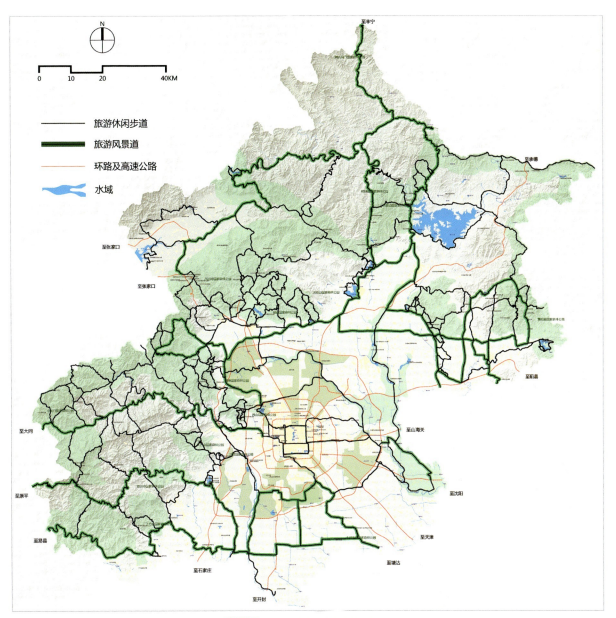

彩图42　北京市步道系统总体布局图

国家步道规划
——理论·技术·实践

丁洪建 贺 剑 刘剑箫 著

中国建筑工业出版社

图书在版编目（CIP）数据

国家步道规划：理论·技术·实践／丁洪建等著.
—北京：中国建筑工业出版社，2016.7
ISBN 978-7-112-19588-6

Ⅰ.①国… Ⅱ.①丁… Ⅲ.①道路工程-规划-研究-中国 Ⅳ.①U412

中国版本图书馆CIP数据核字（2016）第159611号

责任编辑：郑淮兵　王晓迪
责任校对：王宇枢　李美娜

国家步道规划
——**理论·技术·实践**
丁洪建　贺　剑　刘剑箫　著
*
中国建筑工业出版社出版、发行（北京西郊百万庄）
各地新华书店、建筑书店经销
北京锋尚制版有限公司制版
北京建筑工业印刷厂印刷
*
开本：787×1092毫米　1/16　印张：12¾　插页：16　字数：329千字
2016年8月第一版　2016年8月第一次印刷
定价：49.00元
ISBN 978-7-112-19588-6
（29033）

版权所有　翻印必究
如有印装质量问题，可寄本社退换
（邮政编码 100037）

目 录

上篇　绪论　　1

第1章　引言　　2
    1.1　何谓步道　　2
    1.2　步道与绿道辨析　　2
    1.3　研究意义　　3
    1.3.1　海外步道规划建设历史已近百年　　3
    1.3.2　国内正在掀起步道规划建设热潮　　4
    1.3.3　国家步道规划理论与技术基础薄弱　　4
    1.3.4　国家步道规划研究具有开创意义　　5

第2章　中美国家步道比较借鉴　　6
    2.1　美国国家步道　　6
    2.1.1　步道概念　　6
    2.1.2　发展状况　　6
    2.1.3　法规标准　　7
    2.1.4　步道案例　　7
    2.1.5　技术特点　　8
    2.2　中国步道发展　　8
    2.2.1　步道概念　　8
    2.2.2　发展状况　　8
    2.2.3　法规标准　　9
    2.2.4　步道案例　　9
    2.2.5　技术特点　　11
    2.3　中国国家步道启示　　12

中篇　国家步道规划的理论与技术　　15

第3章　步道规划层次与内容　　16
    3.1　规划区步道总体规划　　16
    3.2　启动区步道系统规划　　17

第4章　步道线路规划　　19
    4.1　步道线路规划的基本内容　　19
        4.1.1　规划区步道线路规划　　19
        4.1.2　启动区步道线路规划　　19
    4.2　步道线路规划示例　　19
        4.2.1　顺义浅山区基本概况　　19
        4.2.2　规划范围与层次　　20
        4.2.3　规划区步道线路规划　　20
        4.2.4　启动区步道线路规划　　21

第5章　步道服务设施规划　　25
    5.1　海内外步道服务设施经验　　25
        5.1.1　美国的国家步道服务设施　　25
        5.1.2　我国国家登山健身步道服务设施　　25
    5.2　步道服务设施的界定与构成　　26
        5.2.1　概念界定　　26
        5.2.2　设施等级　　26
        5.2.3　设施类型　　26
        5.2.4　配置要求　　27
    5.3　步道服务设施规划的层次与内容　　28
        5.3.1　步道服务设施体系规划　　28
        5.3.2　步道服务设施专项规划　　28
    5.4　步道服务设施规划示例　　29
        5.4.1　昌平步道启动区基本概况　　29
        5.4.2　步道服务设施体系规划方案　　29
        5.4.3　安全救援系统专项规划方案　　30

	5.4.4	标识系统专项规划方案	31
	5.4.5	昌平步道服务设施与《国家登山健身步道标准（修改稿）》的比较	32
5.5		小结与讨论	33

第6章 基于3S空间技术的步道规划技术方法   34

- 6.1 海内外国家步道规划经验   34
- 6.2 步道规划的技术难点   35
- 6.3 3S空间技术在步道规划中的集成应用方法设计   35
  - 6.3.1 3S空间技术集成应用流程设计   35
  - 6.3.2 3S空间技术在步道规划中的应用程序工具   36
- 6.4 3S空间技术在步道规划中的集成应用示例   39
  - 6.4.1 资料准备阶段   39
  - 6.4.2 步道建设适宜性评价   39
  - 6.4.3 步道线路规划阶段   46
  - 6.4.4 步道服务设施规划   48
  - 6.4.5 步道规划成果展示   50
- 6.5 小结   52

下篇 步道规划实例   53

第7章 顺义五彩浅山国家登山健身步道规划   54

- 7.1 总则   54
  - 7.1.1 规划范围   54
  - 7.1.2 发展背景   54
  - 7.1.3 规划任务   56
  - 7.1.4 规划依据   57
  - 7.1.5 规划技术路线   57
- 7.2 现状条件   58
  - 7.2.1 步道基础   58
  - 7.2.2 发展条件   58
  - 7.2.3 经验借鉴   60
- 7.3 发展定位   62

7.3.1 目标定位	62
7.3.2 市场定位	62
7.3.3 功能定位	62
7.4 规划区步道总体规划	63
7.4.1 规划原则	63
7.4.2 支撑条件	64
7.4.3 总体布局	66
7.5 启动区步道系统规划	68
7.5.1 启动区的选择	68
7.5.2 步道规划技术流程	68
7.5.3 条件评价	68
7.5.4 步道系统结构	70
7.5.5 步道系统布局	72
7.5.6 典型步道线路	74
7.5.7 步道服务设施布局	84
7.5.8 近期步道建设	88
7.6 建设标准与引导	89
7.6.1 指导通则	89
7.6.2 步道建设标准指引	90
7.6.3 步道设施建设标准引导	98
7.6.4 步道景观风貌指引	107
7.7 规划保障	112
7.7.1 国家登山健身步道系统构建	112
7.7.2 产业联动扶贫增收	114
7.7.3 区域交通支持	116
7.7.4 强化赛事营销	117
第8章 北京昌平国家登山健身步道规划	**119**
8.1 导言	119
8.1.1 背景条件	119
8.1.2 规划任务	120
8.1.3 步道规划建设过程	120
8.1.4 规划依据	121
8.1.5 海内外步道借鉴	121

8.2 发展定位 — 122
8.2.1 现状基础 — 122
8.2.2 发展条件 — 122
8.2.3 目标定位 — 124
8.2.4 市场定位 — 124
8.3 规划区步道总体规划 — 125
8.3.1 规划原则 — 125
8.3.2 步道建设适宜性评价 — 125
8.3.3 规划思路 — 127
8.3.4 规划方案 — 129
8.4 启动区步道系统规划 — 130
8.4.1 启动区的选择 — 130
8.4.2 建设条件评价 — 131
8.4.3 空间结构：2主线+7环线 — 134
8.4.4 步道总体布局 — 135
8.4.5 典型步道线路 — 139
8.4.6 步道服务设施布局 — 154
8.5 规划保障 — 157
8.5.1 构建国家登山健身步道系统 — 157
8.5.2 构建昌平智慧登山系统 — 157
8.5.3 区域交通支撑 — 158
8.5.4 产业联动富民 — 160
8.5.5 多元化拓展投融资渠道 — 163
8.5.6 强化节庆与赛事营销 — 163
8.5.7 构建昌平国家登山健身步道管理运营机制 — 164

第9章 北京市旅游休闲步道总体规划 — 165
9.1 总则 — 165
9.1.1 规划背景 — 165
9.1.2 规划目的 — 165
9.1.3 规划范围 — 166
9.1.4 规划对象 — 166
9.1.5 规划层次与任务 — 167
9.1.6 规划依据 — 168

9.2 发展定位   169
9.2.1 现状基础   169
9.2.2 目标定位   171
9.2.3 市场定位   171
9.3 发展条件   171
9.3.1 以山为基：康体健身休闲旅游   171
9.3.2 以水为廊：滨水游憩休闲旅游   173
9.3.3 以文为脉：历史文化体验旅游   173
9.3.4 以景（区）为珠：旅游综合价值提升   175
9.3.5 以村为本：旅游促进富民增收   175
9.3.6 绿道对接：衔接区域交通体系   175
9.4 空间布局   177
9.4.1 空间结构   177
9.4.2 总体布局   178
9.4.3 分类指引   179
9.4.4 绿道对接   184
9.5 试点方案   185
9.5.1 试点方案工作流程   185
9.5.2 区县步道规划   185
9.5.3 示范路段步道设计   186
9.6 建设标准   187
9.6.1 步道路面   187
9.6.2 服务设施   189
9.6.3 标识系统   192
9.7 实施保障   193
9.7.1 制定北京步道规划设计标准   193
9.7.2 推进各区编制步道规划设计方案   193
9.7.3 多方争取步道建设与维护资金   193
9.7.4 建立步道运营管理机制   194
9.7.5 强化赛事与节庆营销   194
9.7.6 完善北京步道配套系统   194

上篇

绪论

第1章 引言

1.1 何谓步道

步道（Trail）是指以步行为主，兼顾自行车、骑马等多种户外休闲用途的通道（不同于景区游步道、商业步行街道、绿道）。Trail在国内的学术研究中常被译为步道、游径、小径等，而在规划建设实践中多称之为步道。

1.2 步道与绿道辨析

在美国，利特尔（Charles E. Little）在著作《美国的绿道》中将绿道（Greenway）定义为：连接公园、自然保护地、名胜区、历史古迹等与高密度聚居区之间的开敞空间纽带。它可能沿着河滨、溪谷、山脊线等自然走廊，或是沿着用作游憩活动的废弃铁路线、沟渠、风景道路等人工走廊。[①]而埃亨（Jack Ahern）的绿道定义更被广为接受，即为了生态、文化、社会、美学及其他用途并符合土地可持续利用要求而规划、设计和管理的由线性要素构成的土地网络。[②]

在中国，以北京为例，步道与绿道在建设目的、依托空间、交通方式、道路坡度、路面材质、服务设施等方面，存在以下不同（表1-1）。

（1）根据《北京绿道规划设计技术导则》，绿道作为城市慢行系统的延伸，主要依托机动车道设立，以自行车骑行为主，以植树造林为重点。步道则是为北京市民及部分来京游客提供户外休闲游憩空间、康体健身旅游空间，并以配套服务设施为重点。

（2）绿道主要依托平原区、河流堤岸、绿地林带进行设置。步道主要依托山区、滨水区、特色田园风光地带，依托风景名胜区、A级景区、郊野公园、文物保护单位及其相互关联空间进行设置。

（3）绿道以骑行为主（公路自行车），局部路段兼顾步行，或骑行、步行混行。而步道则以步行为主，兼顾骑行等特色旅游交通方式。

（4）绿道纵坡宜为0～5%，最大坡度不宜大于8%。步道纵坡宜为0～25%，最大坡

---

① ［美］查尔斯·E. 利特尔. 美国绿道[M]. 余青，莫雯静，陈海沐，译. 北京：中国建筑工业出版社，2013.

② Jack Ahern. Greenways as a Planning Strategy[J]. Landscape and Urban Planning, 1995, 33(1): 131–155.

度不宜大于40%，坡度25%以上的路段须设台阶。

（5）绿道路面材质采用彩色沥青或透水混凝土。步道路面就地取材，材质设置灵活，以土石道、砾石道、碎石道、石板道、木栈道、台阶（木制、石制、石木混制、土木混制）为主。

（6）绿道的服务设施面向骑行者的需求，包括游客服务站、休憩设施、停车设施、卫生设施、标识系统（骑行标识以及方向指示）。步道的服务设施主要面向徒步者的需求，包括游客咨询中心、休息站、安全救援设施、标识系统、观景平台、生态卫生间等多种类型。

北京绿道与步道的差别　　　　　　　　表1-1

	绿道	步道
建设目的	城市慢行系统延伸，植树造林	提供户外休闲游憩与健身旅游空间，配套旅游设施
技术标准	《北京市区县绿道体系规划编制指导书》《北京市绿道规划设计技术导则》	《国家登山健身步道标准（修改稿）》及海内外经验
运动方式	郊野型绿道以骑行为主（公路自行车），局部路段兼顾步行，或骑行、步行混行	以步行为主，兼顾骑行等户外休闲与特色旅游交通形式
依托空间	以平原区为主，依托机动车道、河流堤岸、绿地林带为主	以浅山区、山区、滨水区、特色乡村田园地区为主，依托山体沟谷、A级景区、滨水地带，串接世界遗产、风景名胜区、森林公园、地质公园、湿地公园、郊野公园、文物单位及其关联的空间
道路纵坡	坡度宜为0~5%，最大坡度不宜大于8%	坡度宜为0~25%，最大坡度不宜大于40%，坡度25%以上路段须设台阶
道路断面	2.5~3m宽（公路自行车道）为主，3~4m宽（公路自行车道、步行道）	1.5m宽为主，局部地段宽1.5~4m，应设置缓冲带和必要的防护设施
道路材质	骑行道采用彩色沥青或透水混凝土路面	步道以土石道、砾石道、碎石道、石板道、木栈道、台阶（木制、石制、石木混制、土木混制）为主
配套设施	游客服务站、休憩设施、停车设施、卫生设施、标识系统（骑行标识以及方向指示）	游客咨询中心、休息站、安全救援设施、标识系统、观景平台、生态卫生间等
工作重点	绿道路面建设，植树造林	步道建设、提升与完善，配套服务设施，增加户外休闲游憩空间
牵头部门	北京市园林绿化局	北京市旅游发展委员会

1.3 研究意义

1.3.1 海外步道规划建设历史已近百年

美国是世界上最早规划建设步道的国家，有近百年的步道发展历史，国家步道系统也有近50年的发展历史，具有最成熟的步道规划建设经验。最早在1921年，美国开始规划建设世界首条步道——阿巴拉契亚步道（the Appalachian Trail），目前该条步道已建成3500km，成为世界徒步者的朝圣地。1968年，美国总统林登·约翰逊签署《国家步道系统法案》（National Trails System Act），成为国家步道发展的法律依据。目前，国家步道已经遍布全美50个州。

1.3.2　国内正在掀起步道规划建设热潮

2011年，国务院颁布的《全民健身计划（2011—2015年）》指出：开展户外运动、群众登山等全民健身活动，充分利用山水自然条件，建设健身步道、登山道等户外运动设施。

2013年，国务院办公厅颁发的《国民旅游休闲纲要（2013—2020年）》指出：积极发展体育健身旅游等旅游休闲产品，开发康体健身等旅游休闲消费产品。

2014年，国务院印发《关于加快发展体育产业促进体育消费的若干意见》（国发［2014］46号），将全民健身上升为国家战略。

2014年，据新华社报道，国家主席习近平担任某登山协会名誉会长并表示："其他名誉会长我从来不当，登山协会名誉会长我要当，我当名誉会长，可以推动全民登山运动，运动可以给百姓带来幸福。"

2015年，中共十八届五中全会公报提出了推进健康中国建设。

根据发达国家经验，人均GDP达到10000美元之后，居民生活方式和消费的兴趣点会发生转移，更加注重学习、体育以及休闲娱乐消费。据中华医学会调查，中国城市白领亚健康比例超过76%，其中企业高管人群亚健康约达90%。人们的健康消费支出明显增加，其中33.6%的人采取运动健身。而旅游已与健康挂钩，从单纯观光转向寻求身体健康、心理放松、深度体验。人们巨大的户外休闲需求和中央政策的支持，使得我国步道发展虽然刚刚起步，业已掀起建设热潮。2010年，国家体育总局中国登山协会颁发《国家登山健身步道标准（修改稿）》，浙江宁海建成首条国家登山健身步道。此后，浙江、山西、内蒙古、北京、广东等省市陆续掀起健身步道的建设热潮。2013年，顺义五彩浅山国家登山健身步道建成125km，并成功举办北京顺义首届国际登山比赛，首都市民对步道的关注度随之攀升。2015年4月，北京市编制完成全市步道规划并对外发布。

1.3.3　国家步道规划理论与技术基础薄弱

目前全国各地由旅游、体育、商务等多个部门组织编制步道规划，规划建设的步道涉及登山步道、滨水步道、历史步道等多种类型。我国现有相关研究仍然集中于景区游步道方面，对步道概念、步道规划特点、步道线路规划、步道设施规划等方面研究薄弱，步道规划实践仍然依赖经验分析等传统方法，缺乏空间技术方法的应用，步道规划缺乏技术导则，步道建设缺乏标准规范，步道制度缺乏顶层设计。

1.3.4 国家步道规划研究具有开创意义

步道研究的理论需求和步道规划的技术需求，使得研究我国国家步道概念、国家步道系统构成、国家步道标准、国家步道规划技术方法等，具有重要的理论价值、创新价值、实践价值。

探索提出中国国家步道概念、国家步道系统概念，开展国家规划理论与技术方法研究，恰逢其时。这将有利于进一步推进丝绸之路、万里长城、京杭大运河、茶马古道等多条国家历史步道的发展，弘扬人类文化遗产，并契合中央"一带一路"战略构想需要；有利于进一步推进国家登山健身步道的发展，更好地满足人们户外运动健身的巨大需求；有利于进一步推进长江国家滨水步道、黄河国家滨水步道等发展，为人们提供更多的滨水休闲游憩空间。

以上有关国家步道的理论层面的缺失和规划实践的需求，成为本书的研究源起。本书有关步道规划的理论探讨，是对构建中国国家步道理论体系、国家步道规划技术方法体系的探索与尝试；本书有关步道规划实践案例，可作为中国国家步道规划建设实践的丰富与补充。

第 2 章　中美国家步道比较借鉴

2.1　美国国家步道

2.1.1　步道概念

美国是世界上最早提出步道概念并率先开展步道规划建设的国家，具有最成熟的步道规划建设经验。作为步道的创始国，美国将步道定义为：用于步行、骑马、自行车、直排轮滑、越野滑雪、越野休闲车等休闲活动的通道。[①]

2.1.2　发展状况

最早在1921年，设计师本顿·麦凯（Benton MacKaye）开始规划建设美国首条步道——阿巴拉契亚步道，并于1923年在纽约州开通其第一个路段。[②]

1968年，美国总统林登·约翰逊签署了由国会通过的《国家步道系统法案》（National Trails System Act），并将阿巴拉契亚步道确定为首条国家风景步道。[③]自该法案成为指导美国国家步道规划建设的法律依据以来，经过近50年的国家步道发展历程，美国建成了世界上最成熟的国家步道系统。

1993年，美国设立国家步道日（National Trails Day），在每年6月第1个星期六开展专门的纪念、庆祝活动。[④]

根据《2013年国家步道年度报告》（National Trails System ANNUAL REPORT for FY 2013），美国现有11条国家风景步道、19条国家历史步道、1200余条国家休闲步道和6条连接步道，其中国家风景步道与国家历史步道总长超过86900km，国家休闲步

---

① National Park Service. What is a Trail[EB/OL]. 2014–06–03[2015–09–02]. http://www.nps.gov/nts/nts_faq.html.
② Appalachian Trail Conservancy. History[EB/OL]. [2015–09–02]. http://www.appalachiantrail.org/about–the–trail/History.
③ National Trails System Act[EB/OL]. 1968–09–18[2015–09–02]. http://www.fs.fed.us/cdt/pdf_documents/natl_trails_system_house_report_no_1631.pdf.
④ American Hiking Society. National Trails Day® History[EB/OL]. 2013–04–09[2015–09–02]. http://www.nationaltrailsday.org/national–trails–day–history.

图2-1 美国阿巴拉契亚步道

资料来源：https://www.nps.gov/appa/learn/photosmultimedia/photogallery.htm

道遍布全美50个州，以及哥伦比亚特区和波多黎各（图2-1）。[①]

2.1.3 法规标准

根据修订后的《国家步道系统法案》，美国的国家步道系统分为以下四大类型。

（1）国家休闲步道（National Recreation Trails），即在城市近郊区提供多样性的户外休闲活动的步道。

（2）国家风景步道（National Scenic Trails），即国家重要的风景胜地和历史、自然以及人文景观延伸或串联的步道，以便最大限度开发其户外休闲娱乐潜力。国家风景步道也可以串联沙漠、湿地、草地、高山、峡谷、漂流、森林和其他地区，以展示代表国家重要地理特性的地貌。

（3）国家历史步道（National Historic Trails），即与具有国家重要历史意义的原始风景道或旅游线路相连接或邻接拓展的步道。

（4）连接步道（Connecting or Side Trails），即为公众进入国家休闲步道、国家风景步道、国家历史步道及其附属要素提供联系的步道。[②]

其中国家风景步道、国家历史步道等级最高，必须经过国会审批和认定，两者线路长度一般都应在100英里（160.9km）以上；国家休闲步道、连接步道等级较低，由美国内政部秘书处或农业部秘书处授权认证，申请和设立相对简单，但国家休闲步道应至少向公众开放10年。

此外，美国还有地方级步道，即州和大城市地区步道，由州或地方政府设立。

2.1.4 步道案例

以阿巴拉契亚步道为例，自1921年开始规划建设以来，经历近百年的发展，该步道

[①] The Federal Interagency Council on Trails. National Trails System ANNUAL REPORT for FY 2013[EB/OL]. 2014–02–15[2015–09–02]. http://www.nps.gov/nts/2013%2006MOU%20RPT%207%20Version.pdf.

[②] 丁洪建，贺剑. 国家登山健身步道线路规划研究——以顺义五彩浅山国家登山健身步道规划为例[J]. 城市发展研究，2015，22(1)：45–50，65.

最南端起自佐治亚州的斯普林格山（Springer Mountain），最北端至缅因州的卡塔丁山（Katahdin Mountain），全长3500km。每年试图全程徒步挑战阿巴拉契亚步道的人数为2000人以上，全程徒步挑战完成率为20%左右。阿巴拉契亚步道已经成为世界最著名长距离徒步线路之一，被誉为"世界徒步者的朝圣地""美国长距离徒步始祖""清教徒之路""绿色长廊"等。阿巴拉契亚步道的配套设施类型丰富，包括指示系统和过夜设施等多种类型。[①]

2.1.5 技术特点

美国步道经过近百年的发展历程，步道规划建设经验最为成熟，步道系统最为完善：①从步道用途来看，美国步道具有步行、骑自行车、骑马等多种户外休闲用途，一般不允许机动车通过；步道服务设施类型丰富，包括指示系统和过夜设施等类型。②从法律依据看，美国国家步道有国会立法作为依据，法律地位高。③从等级划分看，分为国家步道和地方步道，其中国家步道系统又细分为国家风景步道、国家历史步道、国家休闲步道和连接步道等四大类型。

2.2 中国步道发展

2.2.1 步道概念

2008年，胡春姿介绍了美国国家步道系统[②]，首次将步道概念引入中国。

2010年，国家体育总局中国登山协会颁布《国家登山健身步道标准（修改稿）》，将登山健身步道定义为以登山为基本方式，在山地上修建的以健身为目的的步道（区别于游步道等）；将步道系统定义为位处山地、海岸及郊野地区，经过审核认定的步行体验廊道及相关设施，为游客提供休闲健身、生态旅游、自然体验、环境教育、景观欣赏功能，具有自然人文资源或景观美质；将国家登山健身步道系统（National Trails System）定义为一个区域内所有登山步道的连接及其附属区域、设施的总和。

2.2.2 发展状况

2010年，浙江省宁海县建成全国首条国家登山健身步道。此后，山西、北京、广东等省（市）陆续规划建设健身步道。北京市于2013年、2014年先后编制了《顺义五彩浅山国家登山健身步道规划》《北京昌平国家登山健身步道规划》。2013年9月，顺义五彩浅山国家登山健身步道建成125km。2015年4月，北京市编制完成了《北京旅游休闲步

---

① 余青，林盛兰，莫文静. 美国国家游径系统开发与管理研究——以阿巴拉契亚国家风景游径为例[J]. 国际城市规划，2013，28(4)：108–114.
② 胡春姿. 美国的小径系统及其借鉴意义[J]. 世界林业研究，2008，21(1)：68–71.

道总体规划及试点方案研究》，由北京市旅游发展委员会对外发布。

2.2.3 法规标准

2010年，国家体育总局中国登山协会发布的《国家登山健身步道标准（修改稿）》提出：①步道设置应遵循难度适宜、人文关怀、保障安全、因势利导、融入环境等原则；②步道功能分为山野步道、探险步道、亲子步道、自然教育步道等；③步道线路布局分为线状步道、环形步道、网状步道等；④步道建设应就地取材，步道材质分为原地土石道、木栈道、砾石道、间隔石道、台阶、桥梁、灰渣道等；⑤步道配套设施分为休息站、露营地、接待站、标识系统等；⑥步道系统包括步道路面、附属设施、监控子系统、安全子系统和环保子系统。

《国家登山健身步道标准（修改稿）》的主体框架如图2-2所示。

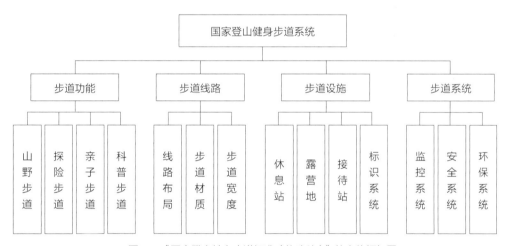

图2-2 《国家登山健身步道标准（修改稿）》的主体框架图

2011年，国务院印发的《全民健身计划（2011—2015年）》（国发〔2011〕5号）指出：充分利用公园、绿地、广场等公共场所和山水等自然条件，建设健身步道、登山道等户外运动设施。2013年，北京市发布了《登山旅游步道设置与服务规范》（DB11/T 1016—2013）地方标准。2015年，北京市旅游发展委员会试行《北京市旅游休闲步道规划设计导则（草案）》。

2.2.4 步道案例

2010年，浙江省宁海县宣布建成全国第一条国家登山健身步道，一期包括100km的登山步道，50km的山地自行车道（一期并未建成），路径上设计了休息站、露营区、接待站、报警点、垃圾处理系统等辅助设施。步道以山间天然路径为基础，充分利用已有路面，尽量串联旅游资源及特色村落，将户外运动、旅游与全民健身结合起来。由于宁海县并未编制步道规划，宁海步道对户外运动者的使用而言，仍存在一些问题：①步道建设标准较低，某些地段步道宽度仅为40~70cm，有相当比例的步道为机耕路；②配套设施不尽完善，休息站、接待站的服务范围不能对步道线路全覆盖；③机动车与步道转换不畅，部分路段人车混行；④标识系统不尽完善，在机动车道难以发现登山健身步道的入口方向，某些交叉口未设登山健身步道的指示牌。目前浙江省宁海县正在进行步道提升与完善工作。

2012年，中国城市规划设计研究院文化与旅游规划研究所开始编制《顺义五彩浅山国家登山健身步道规划》。2013年4月，《顺义五彩浅山国家登山健身步道规划》由顺义区政府审查通过，成为指导步道建设的依据。顺义步道规划项目组根据山区地形复杂多变的三维空间特点，首次尝试将3S技术（遥感技术，英文简称RS；地理信息系统，英文简称GIS；全球定位系统，英文简称GPS）应用于国家登山健身步道规划之中，采用3S空间分析与AutoCAD联合制图技术，分析评价山区的高程、植被、坡度、坡向，并拟合三维地形，经步道剖面分析、沙盘比对，结合不同人群的细分需求，确定步道的线路布局、主题功能、步道难度、步道材质、建设方式和服务设施配套方案，并基于生态工法（Ecological Engineering Method）技术理念及海外成熟的步道经验，提出步道及服务设施的建设标准指引，在顺义区规划构建了步行、山地自行车、自驾三种旅游休闲方式无缝对接的"三位一体"的国家登山健身步道系统。[1]2013年9月，顺义区建成北京市规划最长的第一条国家登山健身步道，一期建成国家登山健身步道125km，并成功举办北京顺义首届国际登山比赛。[2]

2014年，中国城市规划设计研究院文化与旅游规划研究所编制完成《北京昌平国家登山健身步道规划》。针对山区三维空间规划编制存在的技术难点，发挥3S技术对空间信息采集、分析和表达的优势，将3S技术集成应用于国家登山健身步道规划的全过程：①资料准备阶段。RS技术应用于高清卫片分析与解读，GIS技术应用于地形图的空间分析处理，GPS技术应用于现场踏勘记录航迹与航点。②条件评价阶段。基于ArcMap软件，开展山区的高程、坡度和水文等因子评价。③步道线路规划阶段。基于ArcMap软件，构建了国家登山健身步道建设适宜性的评价因子体系、评价方法及技术流程，开展国家登山健身步道的建设适宜性评价，[3]基于评价结果开展最小成本路径分析，并与GPS记录的航迹航点进行比对，综合确定步道线路的布局方案，生成3D步道线路并测算其3D长度。④步道设施规划阶段。基于ArcMap软件，开展最小化设施点数分析、设施的服务区分析，与GPS记录的设施候选航点进行比对，综合确定步道设施的布局方案。⑤规划成果展示阶段。基于ArcMap软件，创建并展示3D步道线路的纵剖面；基于ArcScene软

---

[1] 丁洪建，贺剑. 国家登山健身步道线路规划研究——以顺义五彩浅山国家登山健身步道规划为例[J]. 城市发展研究，2015，22(1)：45-50，65.
[2] 闫雪静. 本市首条国家登山步道开放[N]. 北京日报，2013-09-30：10.
[3] 丁洪建. 基于GIS的国家登山健身步道的建设适宜性评价——以北京昌平国家登山健身步道规划为例[J]. 城市发展研究，2015，22(9).

件，制作并展示山区3D地形地貌、3D规划方案。①在昌平区以明十三陵、居庸关长城两大世界文化遗产为龙头，以十三陵镇为主体，以南口镇和延寿镇的相邻区片为两翼，形成步道建设启动区。在昌平启动区规划步道总长270km，构建了步行、自行车、轮滑、骑马、自驾五种旅游休闲方式无缝对接的"五位一体"的国家登山健身步道系统。2014年，《北京昌平国家登山健身步道规划》由区委书记和区长会审查通过、专家评审会通过，昌平国家步道建设工程列入昌平区2015年重点工作。2015年7月，昌平国家步道一期工程成功申请到北京市旅游发展专项资金，目前正在开展步道设计工作。

2015年，受北京市旅游发展委员会委托，中国城市规划设计研究院文化与旅游规划研究所编制完成《北京旅游休闲步道总体规划》。北京市步道系统借鉴了美国国家步道系统的成熟经验，并接轨国际标准，是对构建国家步道系统的尝试，是未来我国国家步道系统的重要组成部分。依据《北京旅游休闲步道总体规划》，步道的定义为具有步行、山地自行车、骑马、轮滑等多种旅游休闲用途的通道，并与风景道相衔接（不同于健康绿道、景区游步道、历史街区游步道及商业步行街道）。部分步道路段可以兼容2~3种旅游休闲交通方式。北京步道分为市级步道、区级步道两个等级。在北京市域依托优良的山水地形、旅游资源及生态环境，按照创建世界一流旅游城市的目标要求，突出资源整合、城（市）景（区）统筹，兼顾保护与利用，形成步行道、自行车道、骑马道、轮滑道与风景道相互衔接"五位一体"的步道系统，将北京市建设成为国内引领的步道系统示范地、世界一流的户外休闲运动目的地。2015年，目前北京市步道系统规划已由专家评审会、市政府办公会审查通过，并由北京市旅游发展委员会对外发布。

2.2.5 技术特点

我国步道规划建设刚刚起步，仍在探索完善过程之中。

（1）从步道用途看，国家登山健身步道是单一步行用途通道，其附属设施包括休息站、露营地、接待站、标识系统、报警点和临时避难场所6类设施。但从国内实践来看，步道不再是单一的步行用途的通道，步道服务设施类型也在不断完善。根据《北京市旅游休闲步道总体规划》，北京市旅游休闲步道分为登山步道、滨水步道、历史步道、休闲步道等多种类型。北京市昌平区规划构建了步行道、自行车道、骑马道、轮滑道与风景道相互衔接"五位一体"的步道系统，并根据户外休闲实际需要，丰富和完善了步道服务设施类型，配套包括休息站、露营地、生态卫生间、观景平台等十余类步道设施。

（2）从规范依据看，步道已有国务院文件和中国登山协会标准作为依据，但仍缺乏法律依据和规划技术标准。

（3）从等级划分看，已有国家登山健身步道的提法，尚未系统提出国家步道和地方

---

① 丁洪建，贺剑．基于3S的国家登山健身步道规划技术研究——以北京昌平国家登山健身步道规划为例[J]．中国园林，2015，31(9)：70-74．

步道的划分方式。

中美步道比较见表2-1所列。

中美步道比较表　　　　　　　　　　　　　　　　　　表2-1

	美国步道	中国步道
发展历史	1921年开始建设	2010年开始建设
法规依据	1968年《国家步道系统法案》(National Trails System Act)，1991年《国家休闲步道资金法案》(National Recreation Trail Fund Act)	国务院印发的《全民健身计划（2011-2015年）》，国家体育总局中国登山协会发布的《国家登山健身步道标准（修改稿）》
分类分级	分为国家步道和地方步道，其中国家步道系统分为国家风景步道、国家历史步道、国家休闲步道、连接步道四种类型。	有国家登山健身步道的提法，北京步道系统分为登山步道、滨水步道、历史步道、休闲步道等类型
技术特点	步道是步行、骑马、自行车、直排轮滑、越野滑雪、越野休闲车等多用途通道	登山健身步道是单一步行用途道，在北京等地实践中，步道具有多种户外休闲用途

2.3　中国国家步道启示

目前全国各地陆续掀起的国家登山健身步道、旅游休闲步道建设热潮，但在步道理论研究层面十分薄弱，在步道规划建设层面缺乏技术标准的引导。目前我国步道相关研究集中于景区游步道领域，在国家登山健身步道规划研究方面取得一定的进展，针对国家登山健身步道的线路规划[1]、步道建设适宜性评价[2]、步道服务设施规划[3]、基于3S空间技术的步道规划技术方法[4]等方面，已经开展较为深入的研究，但在国家步道研究方面仍然局限于概念层面的探讨，关于国家步道分类、国家步道标准制定、国家步道规划技术方法等方面的研究，仍然十分薄弱。

我国尚未提出国家步道系统的概念及评价标准，各地兴建的国家登山健身步道、旅游休闲步道及相关类型的步道将成为未来我国国家步道系统的重要构成部分。穆晓雪认为，我国官方目前还没有正式提出"国家步道"的概念，还没有形成完善的国家步道系统，没有相关的法律法规和标准可供参考。相比较而言，目前我国比较完善的当属"国家登山健身步道"系统，它的英语翻译为National Trails System (NTS)，沿用了美国国家步道的概念，可以说是中国特色的国家步道。在我国，"国家步道"是一个比较新的概念，是

---

[1] 丁洪建，贺剑. 国家登山健身步道线路规划研究——以顺义五彩浅山国家登山健身步道规划为例[J]. 城市发展研究，2015，22(1)：45-50，65.
[2] 丁洪建. 基于GIS的国家登山健身步道的建设适宜性评价——以北京昌平国家登山健身步道规划为例[J]. 城市发展研究，2015，22(9)：109-114.
[3] 丁洪建，贺剑. 全民健身战略下国家登山健身步道服务设施规划[J]. 规划师，2015(12)：72-77.
[4] 丁洪建，贺剑. 基于3S的国家登山健身步道规划技术研究——以北京昌平国家登山健身步道规划为例[J]. 中国园林，2015，31(9)：70-74.

指位于我国生态与人文资源富集的山岳、水岸或郊野地区,穿越并连接具有代表性的人文与生态资源,并可串联多样性国家级景区,为到访者提供自然人文体验、环境与文化教育、健康休闲游憩等多元机会的同时,实现传承保护文化遗产、利用生态资源、促进旅游产业、活络乡村经济的步行廊道系统。目前来看,国家步道建设已成为我国休闲产业发展的新热点和新趋势。我国国家步道系统目前正朝两个方向发展,一个是旅游方向,另一个是健身方向。这两个方向都迎合了我国休闲产业不断发展的现状,也符合现代人的需求。随着规划和建设的不断完善,我国国家步道系统必将迎来发展的新热潮,必将成为我国休闲产业发展的新亮点,必将推动我国徒步旅游的大繁荣。[①]

范勇等认为在所有的户外休闲健身运动中,徒步行走是最简便、最经济、最安全、最适宜各年龄段的休闲运动形式。国家步道作为"全民公共绿色健身器"应运而生,在短时间内即呈现出巨大的生态、社会、经济和民生价值:①生态价值。国家步道建设采用生态工法,使步道最大程度地融入自然,最低程度地减少对环境的破坏和冲击,可使局部自然环境形成无需大量人力维护的"自主涵养"的生态体系。②文化价值。国家步道系统的建设可将散落的人文景观资源以自然线性景观的方式串联起来,构成展示文化景观元素、传承地方文脉的自然风景线。③经济价值。国家步道借助其完善的系统,贯穿沿线休闲旅游资源,实现区域内自然和人文景观资源有机串联、优势互补,为游客提供多样的游憩体验,形成一个大的运动旅游区域,推动地区休闲旅游产业的发展。④使用价值。国家步道作为政府公益性质项目,为大众提供了一个开放、公平、自由、多样的户外运动空间,满足了不同性别、不同年龄、不同阶层社会群体的户外运动需求,延伸了全民健身空间。但与完善的美国国家步道体系相比,我国步道存在类型单一,相应的法律法规和技术标准尚未建立,对国家步道的规划、建设以及建成后的运营、管理和维护没有进行明确的界定等问题。[②]

本次研究在借鉴海外成熟的国家步道经验基础上,结合中国的步道发展实践和北京步道规划案例,在步道规划方面进行理论体系和规划技术方法探讨,并成功应用于北京步道规划案例之中。这些探索既是我国国家步道理论研究之亟需,也是步道规划建设实践之亟需,具有重要的理论创新价值和实践应用价值。基于步道理论与规划实践的迫切需要,笔者呼吁尽快建立中国国家步道制度,并针对未来我国国家步道的设立,提出以下建议:

(1)步道是以步行为主,兼顾自行车、骑马、轮滑等多种户外休闲用途的通道,其设立旨在为人们提供并增加户外休闲、郊野游憩和旅游深度体验空间,提升城乡居民的健康水平和幸福指数。

(2)国家步道是指位于名山大岳、江海河湖滨水空间以及郊野地区,依托国家重要的风景名胜,具有代表国家重要地理特性的自然地貌景观、国家重要的文化遗产资源,包

---

① 穆晓雪. 浅析国家步道的概念及发展[N]. 中国旅游报,2013-08-28(11).
② 范勇,苗波涛,赵兰勇. 中国国家步道建设及发展状况概述[J]. 山东林业科技,2014(5):111-114.

含具有国家重要历史意义的原始道路，进而延伸形成并经过严格遴选而确定的以步行为主兼顾多种户外休闲用途的国家级线性通道。

（3）依托我国优良的山水空间、自然与人文资源以及生态环境，以步道作为纽带，促进资源整合、景区提升，推进城（镇、村）景（区）统筹，兼顾保护与利用，强化主题特色与功能复合，尽快构建我国国家步道系统。这对于弘扬我国历史文化，促进生态旅游发展，提升居民健康水平，提高居民幸福指数，推进乡村地区脱贫增收等具有重大意义和作用，我国国家步道系统将成为生态之路、文化之路、旅游之路、休闲之路、健康之路、富民之路、幸福之路。

（4）根据所依托的自然与人文资源及生态环境，可将国家步道分为国家登山步道、国家历史步道、国家滨水步道、国家风景步道、国家休闲步道以及连接步道等类型。①国家登山步道，由已建成的国家登山健身步道筛选而来，是在全国层面具有重要性、代表性、典型性特征的国家登山健身步道。②国家历史步道，是具有国家重要历史意义的原始道路及线路，如长征国家历史步道、丝绸之路国家历史步道、万里长城国家历史步道、茶马古道国家历史步道等。③国家滨水步道，是位于江海河湖滨水空间，经过筛选在全国层面具有重要性、代表性、典型性特征的滨水步道线性空间，如长江国家滨水步道、黄河国家滨水步道、珠江国家滨水步道以及各地有代表性的海滨步道等。④国家风景步道，是依托国家重要的风景名胜和具有代表国家重要地理特性的自然地貌而延伸形成的步道线性空间，如丹霞地貌国家风景步道、喀斯特地貌国家风景步道等。⑤国家休闲步道，是依托城市郊野空间，延伸形成的在全国层面具有重要性、代表性、典型性特征的户外休闲与郊野游憩步道线性空间。⑥连接步道，是连接国家步道之间以及国家步道关联空间的步道线路。

（5）中国步道分为国家步道、省（市）级步道、县（区）级步道三个等级。

（6）国家登山健身步道作为中国国家步道的构成部分之一，北京市等地的步道建设作为国家步道系统的重要探索，将其中有代表性的典型步道路段纳入成为国家步道。

（7）尽快制定中国国家步道标准，推进国家步道立法，建立中国国家步道制度，推进中国国家步道系统建设；尽快制定中国国家步道规划设计导则，指导全国步道规划建设实践。

中篇
国家步道规划
的理论与技术

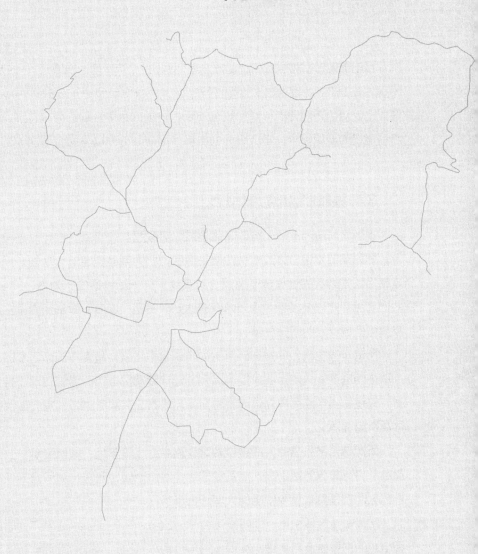

第 3 章　步道规划层次与内容

目前国内专家和学者在步道规划前期调研[①]、游步道选线原则[②]、游步道设计[③]等方面做出探讨，但对国家步道规划的研究较少[④]，系统编制步道规划并指导步道建成的案例更不多见。针对国内尚无步道规划规范的现状，根据步道规划的自身特点，结合各地尽快启动步道建设的迫切要求，本次研究提出将步道规划分为以下两个层次（图3-1）。

3.1　规划区步道总体规划

规划区一般为某一个行政辖区全域，可以是某一市域，也可以是某一县域。如果是前者，则为某市步道总体规划；如果是后者，则为某县步道总体规划。规划区步道总体规划旨在描绘规划区的远景步道蓝图，其规划原则一般包括生态为本、安全第一、文化融入、联动富民、交通衔接等，规划内容应达到"三定"深度，即确定步道主线、综合服务基地及其与区域交通的衔接关系。

所谓步道主线，即规划区范围的步道骨干线路，是支撑规划区步道系统的骨架，能够串联规划区范围内的重要景区、水系，延伸带动民俗村、传统村落、特色景观旅游名镇名村，对增加当地居民户外休闲游憩空间，丰富公共服务体系，提升居民健康水平和幸福指数具有重要意义。

所谓综合服务基地，即提供游客咨询中心、停车场、展览展示、公共电话、摆渡车停靠站、自行车服务站、户外装备专卖店、旅游商店、餐饮、厕所乃至住宿等综合服务，对规划区而言是具有重要作用的大型综合服务区。

所谓衔接区域交通，即将高速公路、国道、风景道、绿道等作为居民由城区向郊区休闲出游的主要通道与步道，实现步道与机动车通道、绿道的衔接与转换。

---

① 张婧雅，魏民，张玉钧. 步道系统规划的前期调研分析[C]//中国风景园林学会2013年会论文集（上册）. 北京：中国建筑工业出版社，2013：828–830.
② 张冠娉，吴越. 基于GIS的鹅形山森林公园游步道选线系统的建立[J]. 中外建筑，2012(5)：111–113.
③ 卜文娟，陆诤岚. 湿地公园游步道设计的探讨——以杭州西溪国家湿地公园为例[J]. 人文地理，2009(4)：110–114.
④ 穆晓雪. 浅析国家步道的概念及发展[N]. 中国旅游报，2013-08-28(11). 范勇，苗波涛，赵兰勇. 中国国家步道建设及发展状况概述[J]. 山东林业科技，2014(5)：111–114.

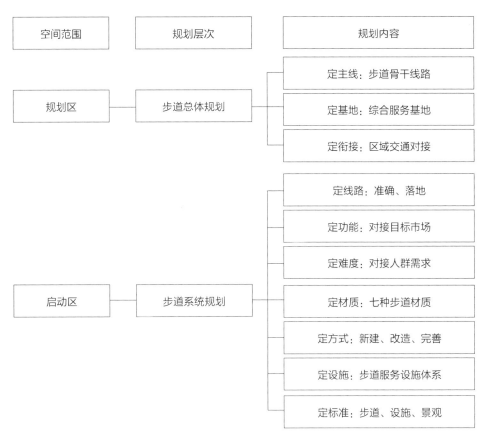

图3-1 国家步道规划层次与主要内容

3.2 启动区步道系统规划

启动区是在规划区范围内确定的近期建设步道示范路段的区片，是规划区或某一行政地域的一部分。启动区步道系统规划旨在有效指导启动区近期步道设计与建设，其规划原则一般为因山就势、多样选择、难度适宜、就地取材、提升已有、便于实施等，规划内容应达到"七定"深度，即确定步道线路、步道功能、步道难度、步道材质、步道建设方式、服务设施布局以及步道系统建设标准。

所谓确定步道线路，即在启动区经过实地踏勘和综合比选，确定各条步道线路的具体布局方案，明确各条步道的长度。

所谓确定步道功能，即在启动区明确不同主题功能步道的构成及布局方案，适应不同人群的细分需求。如，根据主题功能定位的差异，可分为科普步道、亲水步道、亲子步道、探险步道、养生步道等。

所谓确定步道难度，即在启动区明确步道的使用难度和不同难度步道的构成及布局方案，并以中、低难度步道为主，适应大多数人群的户外休闲健身需要。一般而言，步道的难度由地表高程、坡度两个因子综合决定。高程越大，使用者为克服重力所做的功就越大，体能消耗就越多；坡度决定使用者在单位时间内的体能消耗的速度，坡度越大，使用者的体能消耗就越快，身体耐受的不适感越强。

所谓确定步道材质，即坚持因地制宜、就地取材，明确步道的路面材质和不同材质步道的构成及布局方案，丰富使用者的体验过程。步道材质可分为土石道、砾石道、碎石道、石板道、间隔石道、木栈道、台阶等多种类型。

所谓确定建设方式，即明确不同步道路段的建设方式，确定不同建设方式的步道线路布局方案，指导近期步道建设施工。根据建设方式的不同，一般可分为新建步道、改造步道、步道完善等类型。

所谓确定服务设施布局，即明确步道服务设施的类型、数量及布局方案，构建完善的步道服务设施体系，彰显人文关怀，确保使用者的安全。

所谓确定步道系统的建设标准，即明确步道路面的建设标准、步道服务设施的建设标准以及步道景观风貌的指引要求，以指导近期步道设计及施工。

此外，根据步道系统的构成，也可以将步道规划细分为步道线路规划、步道服务设施规划两大部分。

第 4 章 步道线路规划

4.1 步道线路规划的基本内容

由于涉及的空间范围较大，步道建设一般采取分步实施的方式，步道规划范围通常划分为规划区、启动区两个层次，相应地，步道线路规划也分为以下两个层次。

4.1.1 规划区步道线路规划

主要内容达到"三定"深度，即确定步道骨干线路，明确综合服务基地的布局，妥善处理好步道与区域综合交通的衔接关系。基于生态为本、安全第一、文化融入、联动富民等规划原则，主要采取综合分析、条件比较、成本估算等方法，进而达到"三定"的工作要求及深度。

4.1.2 启动区步道线路规划

主要内容达到"五定"深度，即准确确定步道线路布局、步道功能、步道难度、步道材质以及步道建设方式。基于因山就势、多样选择、难度适宜、就地取材、提升已有等规划原则，采用"3S"空间技术综合分析与AutoCAD联合制图技术，分析评价启动区的高程、植被、坡度、坡向，并拟合三维地形，经步道剖面分析、沙盘比对，结合不同人群的细分需求，进而达到"五定"的工作要求及深度。

4.2 步道线路规划示例

4.2.1 顺义浅山区基本概况

本次规划范围为顺义五彩浅山，包括位于顺义浅山区的北石槽镇、木林镇、龙湾屯镇、张镇和大孙各庄镇等五镇镇域，总面积308km^2，总人口11.2万人。2012年顺义浅山区农民年人均纯收入仅为1.1万元/人，低于周边的密云、昌平、怀柔山区的农民人均纯收入水平（1.2~1.3万元/人），更低于北京市农民人均纯收入整体水平（1.5万元/人），是北京市的后发地区。究其原因，主要是浅山区既无平原地区的发展机会优势，又不具备山区的旅游资源优势。

通过综合分析与比较，挖掘得出顺义浅山区在以下四个方面具备建设国家登山健身步道的良好条件。

1. 优美的浅山生态环境

北石槽镇的京密引水渠和凤凰山蓝绿辉映；木林镇的唐指山水库、峪子沟和鞑子沟山水组合关系良好；龙湾屯镇的30里浅山植被丰茂，季相变化丰富；张镇的龙凤山和莲花山风景秀美，生态环境优良；大孙各庄镇的特色农业与田园景观优势突出。

2. 山形地势适宜登山健身

登山健身步道选线以坡度5%～25%的路段为宜，坡度超过25%的路段须设台阶。以顺义浅山区的典型路段为例，唐指山村—峪子沟—河南寨路段，长约11km，最低高程51m，最大高程414m，平均坡度为8.5%；峪子沟—北大沟路段，长约12km，最低高程85m，最大高程232m，平均坡度为6.5%；鞑子沟—北大沟路段，长约4km，最小高程198m，最大高程607m，平均坡度为20.6%。

3. 户外休闲运动资源优势明显

顺义五彩浅山的自然资源、历史文化资源、"三农"资源及特色田园风情形成良好的组合优势，具有适宜开展登山健身、山地自行车、马术、马球、极限运动等资源优势，具有开展温泉养生、功能食疗、抗衰老及养生健康旅游等资源优势。

4. 依托北京庞大的户外运动健身市场

顺义浅山区处于北京中心城1小时辐射圈内，近邻朝阳区CBD、使馆区、通州环渤海企业总部基地等高端客源市场，具有发展户外运动休闲旅游的优势。

4.2.2 规划范围与层次

根据步道现状基础及近期建设条件，将本次规划范围分为两个层次：

（1）规划区，包括顺义浅山区五个镇的镇域；

（2）启动区，包括木林镇、龙湾屯镇两镇的浅山区片。

4.2.3 规划区步道线路规划

1. 规划原则

（1）生态为本。针对城市居民追求清洁空气和优良生态环境的需求，步道线路以经过植被优良的地段为佳，并确保对生态环境的冲击最小化。

（2）安全第一。为保障登山者的生命安全，步道选线避开冲沟、洪灾、滑坡等易发地段。若难以避开此类地段，步道选线须设在洪水位线以上，采取工程加固，增设排水设施，强化周边植被覆盖等措施。

（3）文化融入。以步道串联人文资源，将文化内涵融入步道，让步道有灵魂，让登山者获得双重体验——登山既是健身之旅，又是心灵之旅。

（4）联动富民。以步道主线和小环线为手段，最大化地串联旅游景区（点）、文物古

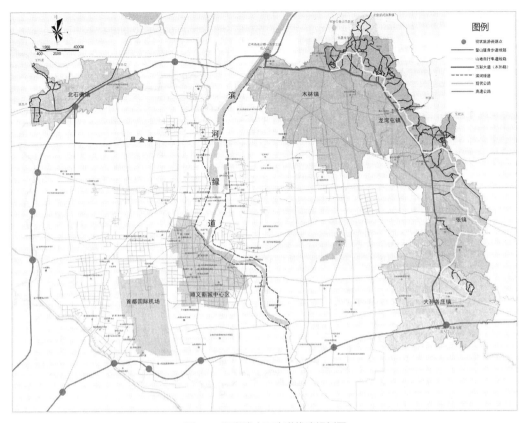

图4-1 顺义浅山区步道线路规划图

迹、民俗村、采摘园、接待服务设施等,带动顺义浅山区富民增收。

(5)"三位一体"。在建的五彩大道(木孙路)是串联顺义浅山区的旅游风景道,且与京承高速、京平高速相连接,是登山健身步道需要重点对接的道路。五彩浅山登山健身步道不仅串接五彩大道,更是考虑山地自行车运动的需求,实现步行、山地自行车、机动车无缝对接,从而构建"三位一体"的国家登山健身步道系统。

2. 规划方案

在顺义浅山区构建"一纵三横"的户外休闲运动目的地的空间结构(图4-1,彩图1)。其中,"一纵",即潮白河绿道;"三横",即五彩大道、山地自行车道线路、登山健身步道骨干线路。五彩浅山登山健身步道骨干线路总长280km,配套综合服务基地6个,分别位于北石槽镇凤凰山,木林镇唐指山,龙湾屯镇焦庄户、安利隆,张镇莲花山,大孙各庄镇无梁阁。

4.2.4 启动区步道线路规划

1. 规划原则

(1)因山就势。通过ArcGIS技术手段,拟合山地三维地形,构建三维地形与高清卫片相叠合的3D图。经过三维空间分析,综合评价多个选线方案的步道坡度、高程、材质等参数，为确定步道线路的最终方案提供依据。

（2）多样选择。适应不同年龄段、不同体能类型、不同知识结构人群的登山健身需要，构建多种主题功能的步道线路。

（3）难度适宜。综合评价山体高程、坡度因素，提供不同难度的登山线路，体现人文关怀。基于ArcGIS的空间分析工具测算山体的坡度，将坡度5%～25%的路段作为中低难度步道的主要选线区段，将坡度在25%以上的路段作为高难度步道的主要选线区段，并设台阶；测算山体的高程，将海拔在300m以下的路段作为中低难度步道的主要选线区段。

（4）就地取材。以原地土石道为主要道路类型，辅以与当地生态环境相融合的木栈道、砾石道、间隔石道、灰渣道、台阶、桥梁等其他辅助类道路。

（5）提升已有。尽量利用和改造原始山路、古道、机耕路、防火隔离带等原有路径，对不符合《国家登山健身步道标准（修改稿）》要求的道路予以提升改造。

2. 规划方案

在启动区规划构建"2条主线+10条环线"步道空间结构，串联木林镇和龙湾屯镇的旅游资源、项目及民俗村落，步道线路总长140km。针对不同人群需求，分别构建0.5～1天、1～2天、2～3天的主题登山健身游程，总计提供7～15天登山健身游程（图4 2，彩图2）。

（1）步道线路规划

2条步道主线共长65km。其中，五彩浅山国际精品登山步道主线长40km，能举办国际登山比赛，达到国际市民体育联盟徒步大会（IVV）的A级（休闲级）、B级（挑战级）赛事标准；五彩浅山滨水山地自行车道主线长25km，达到举办国际自行车联盟（UCI）山地车比赛（越野赛）要求。

10条步道环线共长60km，最大化地连接旅游资源、项目及民俗村落，为登山者提供多样化步道线路。进一步确定10条步道环线的线路长度、高程、坡度、材质构成、功能定位、适宜人群等。以唐指山亲水步道环线为例，其线路长度为20km；最大高程100m，最小高程67m，平均坡度为6%；材质构成分为木栈道、水泥路提升改造、土石路、桥梁、台阶、间隔石道等六种材质，分别占该段步道总长的20%、36%、15%、2%、9%、18%（图4-3，彩图3）；功能定位为以唐指山水库山水辉映为特点，串联湿地、薰衣草花园、国际会议度假基地，形成具有浪漫主题的亲水步道；适宜人群为家庭朋友聚会、婚庆摄影、会议度假。

（2）步道功能规划

针对目标人群的细分需求，通过配套不同类型的步道材质、步道设施及景观小品，赋予10条步道环线相应的主题功能，包括：唐指山亲水步道、十二涧山野步道、峪子沟人文步道、鞑子沟探险步道、龙湾山居养生步道、北大沟科普步道、焦庄户红色步道、唐洞亲子步道、月明涧拓展步道和安利隆休闲步道。

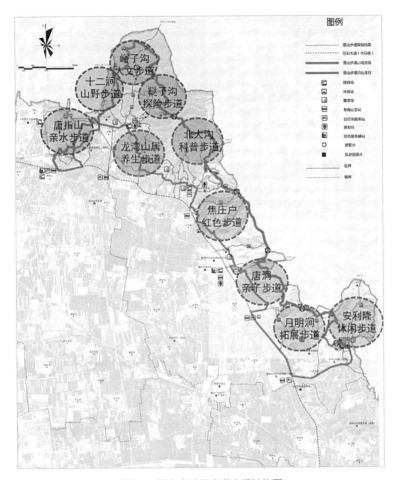

图4-2 顺义启动区步道空间结构图

（3）步道难度规划

为不同年龄段和体能类型人群提供不同难度的步道，其中，高难度步道即坡度在25%以上的步道，长27km，占步道总长的19%，并设台阶；中难度步道，即坡度为15%～25%，海拔在300 m以上的步道，长44km，占步道总长的31%，设砾石道或土石路；低难度步道，即坡度在15%以下，海拔在300m以下的步道，长69km，占步道总长的50%，设木栈道、石板道或土石路，并对已有道路进行提升完善。

（4）步道材质规划

步道建设尽量就地取材，维持原生态环境景观。按材质类型将步道划分为以下七类：土石路、水泥路提升改造、台阶（石制、木制）、间隔石道、砾石道、木栈道、桥梁。

（5）步道建设方式规划

按建设方式将步道划分为以下三类：①新建步道，长79km，占步道总长的56%。新建步道尽量不占耕地、不砍林木。②改造步道，长31km，占步道总长的22%，包括现有步道改造和水泥柏油路面改造。③完善步道，长30km，占步道总长的22%。通过标识配套、路面简单整治，达到国家登山健身步道的要求。

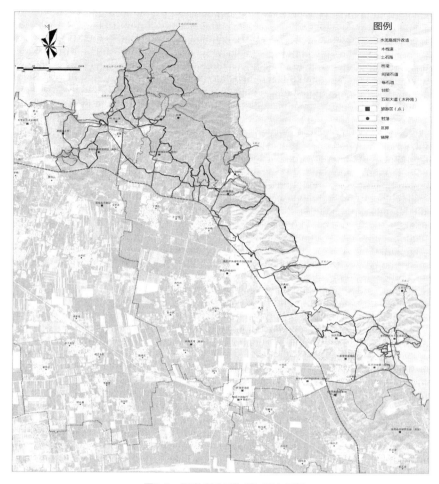

图4-3　顺义启动区步道材质布局图

第5章 步道服务设施规划

5.1 海内外步道服务设施经验

5.1.1 美国的国家步道服务设施

阿巴拉契亚山步道是美国首条国家风景步道（National Scenic Trails）。[1]阿巴拉契亚山步道的游憩服务设施包括：

（1）指示系统，又分为步道标记和解说标识。前者主要是用来指示步道线路，后者主要是向旅游者提供信息，并讲述步道的故事。在布局上，防止因过度标识而带来污染和干扰。

（2）过夜设施，主要包括庇护场所和帐篷营地，其设计遵循因地制宜、自然化、特色化和简约化等原则，并限制营地的蔓延（Campsite Spread）。[2]

5.1.2 我国国家登山健身步道服务设施

根据2010年国家体育总局中国登山协会颁布的《国家登山健身步道标准（修改稿）》，国家登山健身步道系统是指一个区域内所有登山步道的连接及其附属区域、设施的总和；由步道、配套设施、监控维护、安全系统和环境保护系统构成，其中前两项为建设要求，后三项为管理要求。国家登山健身步道的附属设施包括配套设施中的休息站、露营地、接待站、标识系统和安全系统中的报警点、临时避难场所，共六个设施类型（图5-1）。

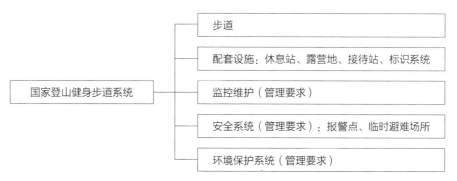

图5-1 国家登山健身步道系统的构成图

---

[1] Appalachian Trail Conservancy. History[EB/OL]. http://www.appalachiantrail.org/about–the–trail/History．

[2] 余青，林盛兰，莫文静．美国国家游径系统开发与管理研究——以阿巴拉契亚国家风景游径为例[J]．国际城市规划，2013，28(4)：108–114．

2010年浙江省宁海县建成了全国首条国家登山健身步道系统，路径上设计了休息站、露营区、接待站、报警点、垃圾处理系统等辅助设施。[①]依据《顺义五彩浅山国家登山健身步道规划》，2013年顺义区建成了北京市首条国家登山健身步道系统，路径上设置了休息站（28处）、露营地（6处）、救援系统、标识系统、观景平台、亭台景观、安全护栏等辅助设施。[②]有学者提出大青山登山健身步道的配套设施应包括休息站、露营地、接待站、标识系统、报警点、垃圾箱和公厕。[③]

然而，《国家登山健身步道标准（修改稿）》与步道规划建设实践要求尚有差距，提出的步道服务设施的种类不全，对步道规划的指导性存在不足；目前针对国家步道服务设施及其规划的研究甚少。根据使用者的实际需要，借鉴海内外步道服务设施的规划建设经验，对我国步道服务设施的构成、步道服务设施规划的主要内容及基本原则进行探讨，就显得十分必要和迫切。

5.2 步道服务设施的界定与构成

5.2.1 概念界定

步道服务设施，是指步道连接及其附属的为步道使用者配置的公共设施（不同于供水、排水、供电等市政设施）。

5.2.2 设施等级

根据使用者需求，考虑步道与风景道以及城乡公共交通系统的衔接，将步道服务设施划分为3个等级共15个类型：

（1）一级服务设施，即综合服务驿站，共1种类型；

（2）二级服务设施，即服务驿站，共1种类型；

（3）三级服务设施，即服务站点，共13种类型，分别为休息站、露营地、接待站、救援站、报警点、临时避难场所、标识系统、厕所、垃圾箱、观景平台、专用公交站、摆渡车停靠站和自行车服务站。

5.2.3 设施类型

（1）综合服务驿站。提供游客咨询中心、停车场、展览展示、公共电话、摆渡车停靠站、自行车服务站、户外装备专卖店、旅游商店、厕所、餐饮乃至住宿等综合服务。一般依托县城、乡镇驻地、民俗村和大型景区建设。

---

① 林海．宁海在建第一个国家登山健身步道系统[N]．宁波日报，2009–09–16：(A07)．
② 闫雪静．本市首条国家登山步道开放[N]．北京日报，2013–09–30：(10)．
③ 董小云，刘婷．大青山登山健身步道规划研究[J]．内蒙古科技与经济，2012(16)：51–52．

（2）服务驿站。提供信息咨询、停车场、公共电话、摆渡车停靠站、自行车服务站、旅游商店、厕所及餐饮等服务。一般依托民俗村、景区建设。

（3）休息站。为游客提供休息、简单补给服务，设置在观景点附近或长距离地形变化较大处，如长坡的起点、终点等。

（4）露营地。设有取水区、用火区、就餐区、娱乐区、卫生区及厕所等，设置在山体结构稳定，无塌方与洪水危险，干燥平整，靠近水源的安全地区。

（5）接待站。提供住宿、补给、垃圾处理、简单医疗等服务，可依靠农家院落等固有建筑物设置。

（6）救援站。提供应急救援、医疗救助服务，配备救援、医疗设备与救援、医护人员。

（7）报警点。包括普通报警点或太阳能定位报警点（救援灯杆），提供定位、报警服务。

（8）临时避难场所。可借用天然的山洞或安全稳固的岩石、墙壁、立木等自然地形设立，具有挡雨防风等功能。

（9）标识系统。在步道沿线设置步道徽标（LOGO）、空间指引类标识、对象指示类标识和科普解说类标识，具有指引、解说、警示等功能。

（10）厕所。综合服务驿站、服务驿站、接待站应配置水冲式厕所；休息站、露营地、观景平台可结合设置厕所，以生态厕所为主。

（11）垃圾箱。可与休息站、露营地、厕所、观景平台等结合设置。

（12）观景平台。根据景观效果与场地条件，因地制宜设置。

（13）专用公交站。整合已有城乡公交线路，将临近的火车站、汽车客运站、地铁站与综合服务驿站、服务驿站相连接，优化公交站点并设置专用公交站，更好地为步道使用者服务。

（14）摆渡车停靠站。一般沿旅游风景道、山区公路设置，将综合服务驿站、服务驿站与步道主要出入口相连接，为清洁能源摆渡车提供停靠服务。

（15）自行车服务站。提供自行车停放、租赁、保管、维修及养护服务。

5.2.4 配置要求

步道服务设施的类型、数量及布局，应彰显以人为本，体现人文关怀。步道服务设施一般采取分级配置的方式，综合服务驿站为第一等级，对规划范围具有全局影响和作用；服务驿站为第二等级，对规划范围的部分区片具有重要影响和作用；服务站点为第三等级，对步道沿线的一定范围具有直接影响和作用。

《国家登山健身步道标准（修改稿）》对以下步道服务设施提出明确的配置要求：①休息站之间不超过2小时路程；②露营地之间不应超过8小时路程；③普通报警点之间不应超过1小时（或5km）路程，太阳能定位报警点之间应以4小时路程为宜。

5.3 步道服务设施规划的层次与内容

在启动区步道系统规划层面，考虑到服务设施类型多、数量大，结合图面表达效果，将步道服务设施规划细分为以下两个层次。

5.3.1 步道服务设施体系规划

在步道服务设施体系规划中，应明确综合服务驿站、服务驿站、休息站、露营地、接待站、救援站、太阳能定位报警点等主要服务设施的数量及位置，形成步道服务设施体系布局方案。

专用公交站、摆渡车停靠站、自行车服务站等依托县、乡镇驻地、民俗村、主要景区进行配套设置。厕所、垃圾箱依托综合服务驿站、服务驿站、休息站、露营地、接待站进行配套设置。观景平台在步道设计层面因地制宜地提出布局方案。

5.3.2 步道服务设施专项规划

1. 安全救援系统专项规划

为构筑使用者的生命线，应构建由救援站、报警点（分为普通报警点和太阳能定位报警点）、救援通道、救援通道尽端、临时避难场所组成的安全救援系统。其中，救援通道应保证应急情况下救援车辆的顺利通行，并与区域对外道路相衔接；在救援通道尽端，须为救援车辆设立回车场地。

在安全救援系统专项规划中，应明确救援站、太阳能定位报警点、救援通道、救援通道尽端的数量及布局方案，保障步道使用者的户外安全。普通报警点、临时避难场所在步道设计层面，因地制宜设置。

2. 标识系统专项规划

进一步完善《国家登山健身步道标准（修改稿）》关于标识设置的内容，将步道标识系统划分为：①步道徽标（LOGO），即国家步道采用的统一规范的标准图案，由几何图形、所在地名、英文简称（NTS）组成。②空间指引类标识，即为使用者指示空间信息的标识牌，包括公路路段标识、综合信息标识、转折与交叉点标识、途中标识等。③对象指示类标识，即指示步道沿线的地形、地物的标识牌，包括《国家登山健身步道标准（修改稿）》提出的建筑类标识、地形类标识、警示类标识和路况类标识。④科普解说类标识，即为诠释步道沿线的历史文化、生态与地质科普知识、户外运动及健康教育知识的标识牌。

在标识系统专项规划中，应明确空间指引类标识的数量及布局方案，为使用者提供良好的导引服务。步道徽标、对象指示类标识、科普解说类标识应在步道设计层面进行明确，并应防止标牌泛滥。

5.4 步道服务设施规划示例

5.4.1 昌平步道启动区基本概况

北京市昌平区依托明十三陵、居庸关长城两大世界文化遗产，将十三陵镇镇域和南口镇、延寿镇的相邻区片作为国家登山健身步道建设的启动区，总面积为335km²。

通过现场踏勘发现，在昌平启动区已有一定规模的自然形成的山间小路，并有少量的景区游步道和人为建设的步道，分散布局在明十三陵、延寿寺、北山公园等地，在空间上缺乏联系，不成系统。现状步道服务设施匮乏，仅有少量由户外运动组织开展活动而遗留的步道标识，且形式杂乱，缺乏规范。

5.4.2 步道服务设施体系规划方案

在昌平启动区，根据登山健身者的需要，构建三级步道服务设施体系——综合服务驿站、服务驿站和服务站点，形成完善的步道服务设施体系规划方案（图5-2，彩图4），确保其服务范围对国家登山健身步道线路实现全覆盖。

（1）综合服务驿站。共设3处，位于南口镇的虎峪景区、十三陵镇的十三陵旅游集散中心、延寿镇的黑山寨村，形成集游客咨询、停车中转、户外装备商店、餐饮及住宿等功能于一体的服务综合体。

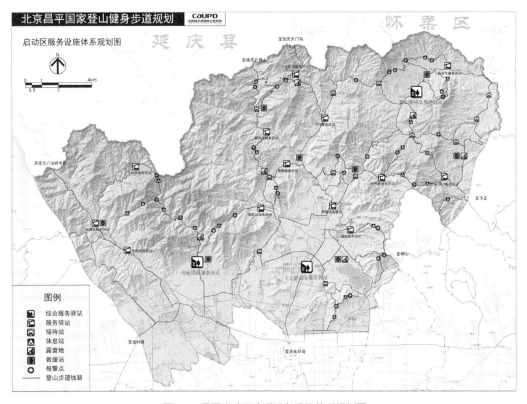

图5-2　昌平启动区步道服务设施体系规划图

（2）服务驿站。共设13处，依托民俗村和景区进行设置，提供信息咨询、停车中转及简单餐饮等服务，位于南口镇的居庸关景区、九仙庙村、东园村，十三陵镇的大岭沟村、麻峪房村、下口村、康陵村、德胜口村、长陵村、德陵村、东水峪村，以及延寿镇的延寿寺景区、西湖-湖门村。

（3）服务站点。因地制宜进行设置，提供休息、露营、接待、救援、报警等专项服务，共设休息站25处，露营地6处，接待站12处，救援站8处，太阳能定位报警点24处。

5.4.3 安全救援系统专项规划方案

基于步道服务设施体系规划方案，在昌平启动区的安全救援系统专项规划中，深化明确以下四种实体要素的数量及布局方案（图5-3，彩图5）：

（1）救援站。结合民俗村和景区进行设置，并尽量靠近步道出入口，共设8处。救援站须配备专业救援人员及医护人员，提供24小时应急救援、医疗救助服务。

（2）太阳能定位报警点。设置于山体的制高点及难攀爬路段，共设24处，提供24小时定位、报警服务。太阳能定位报警点即野外应急救援辅助定位灯杆，高6~8m，灯杆的底座为太阳能蓄电池，底座的上方为手机充电接头，之上设立标识牌，标识牌应注明灯杆的编号，灯杆的最顶端为警示灯，在夜间频闪发光。

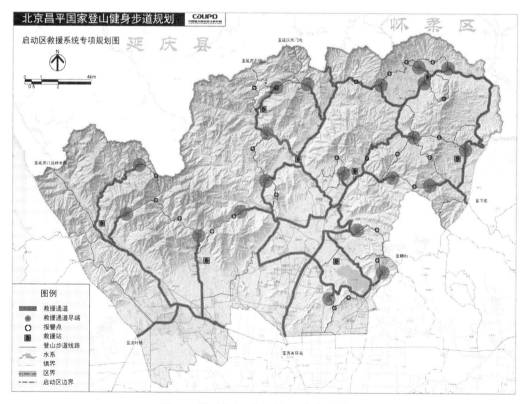

图5-3　昌平启动区安全救援系统专项规划图

（3）救援通道。确保应急情况下救援车辆能够顺利通过，并且连接区域对外道路，保障救援车辆以最短的时间抵达事发地。

（4）救援通道尽端。设置于救援通道与登山步道的连接处，共设20处。救援通道尽端与登山路段的最远距离应控制在3km以内，并设救援车辆的回车场地，以保障救援效率。

普通报警点、临时避难场所，在步道设计层面加以明确。其中，普通报警点为石质或木质立柱，在其高处设立反光标识，求援指导信息应刻于或镶嵌于距地面1.5m处，配套报警标识牌，标有求助电话、报警点编号、邻近路线指示等信息。

5.4.4 标识系统专项规划方案

在昌平启动区的标识系统专项规划中，明确以下四种空间指引类标识的数量及布局方案（图5-4，彩图6）。

（1）公路路段标识。在公路与步道转换处，依托公路设置用于指示步道信息的标识牌，标明步道路段的名称及方向，共设43处。公路路段标识牌设计应遵守《道路交通标志和标线》（GB 5768—2009）有关尺寸、颜色及字体要求。

（2）综合信息标识。结合步道出入口、综合服务驿站、服务驿站，设置内容丰富、信息量大的标识牌，标明步道导览图、当前位置、主要服务设施及必要的指示、警示等内容，共设36处。

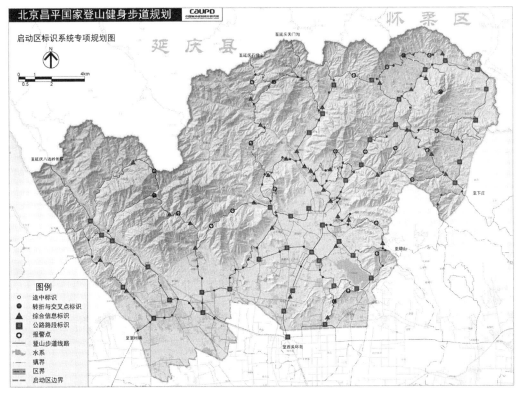

图5-4 昌平启动区标识系统专项规划图

（3）转折与交叉点标识。在步道转折点、交叉点，设置用于指示方向的标识牌，标明步道相邻地点的名称、方向、距离及必要的提示、警示内容，共设91处。

（4）途中标识。在登山者易迷失路段，设置途中标示牌，标明当前地点的名称与相邻地点的名称、方向及距离，共设107处。

5.4.5　昌平步道服务设施与《国家登山健身步道标准（修改稿）》的比较

相对于《国家登山健身步道标准（修改稿）》关于附属设施的配置要求，昌平启动区步道服务设施的配置在以下方面做出拓展与改进（表5-1）：

昌平步道服务设施与《国家登山健身步道标准（修改稿）》对照表　　表5-1

等级	设施类型	《国家登山健身步道标准（修改稿）》	昌平步道服务设施
一级	综合服务驿站	无	有
二级	服务驿站	无	有
三级	休息站	站间距离不超过2小时	站间距离在40分钟以内
三级	露营地	营地间距离不超过8小时	营地间距离在2小时以内
三级	接待站	有	有
三级	救援站	无	有（结合民俗村和景区设立）
三级	报警点	太阳能定位报警点间以4小时路程为宜	太阳能定位报警点距离在1小时以内
三级	临时避难场所	有	有（在步道设计层面因地制宜设立）
三级	标识系统	有（对象指示类标识）	有（增加了步道徽标、空间指引类标识、科普解说类标识）
三级	厕所	不明确	有（可与休息站、露营地、观景平台等结合设立）
三级	垃圾箱	不明确	有（可与休息站、露营地、厕所、观景平台等结合设立）
三级	观景平台	不明确	有（在步道设计层面因地制宜设立）
三级	专用公交站	无	有
三级	摆渡车停靠站	无	有
三级	自行车服务站	无	有

（1）构建三级服务设施体系。在昌平启动区按照综合服务驿站、服务驿站、服务站点实行三级配置，形成完善的步道服务设施体系。而《国家登山健身步道标准（修改稿）》并未提出步道服务设施的等级划分、按等级配置服务设施的内容。

（2）增加服务设施类型。根据使用者的实际需要，在昌平启动区新增9个步道服务设施类型，包括综合服务驿站、服务驿站、救援站、厕所、垃圾箱、观景平台、专用公交站、摆渡车停靠站和自行车服务站。

（3）提高服务设施配置标准。参照《国家登山健身步道标准（修改稿）》关于休息站、露营地、报警点的配置要求，为彰显人文关怀，确保使用者的安全，在昌平启动区进一步提高上述3类服务设施的配置标准。其中，休息站之间的路程控制在40分钟以内，露营地之间的路程控制在2小时以内，太阳能定位报警点之间的路程控制在1小时以内。

5.5　小结与讨论

根据使用者的需要并借鉴海内外经验，基于《国家登山健身步道标准（修改稿）》关于设施配置的要求，将步道服务设施细分为3个等级共15个类型，将步道服务设施规划细分为步道服务设施体系规划、安全救援系统专项规划和标识系统专项规划，并明确其规划特点及主要内容。上述构想在北京昌平国家登山健身步道规划中得以成功实践，对丰富我国步道服务设施类型，指导步道服务设施规划建设有一定的探索价值。建议根据使用者的实际需要，进一步完善《国家登山健身步道标准（修改稿）》关于服务设施配置的内容。

当前，我国步道规划建设仍处于探索阶段，各地应因地制宜配置步道服务设施。尽量依托乡镇驻地、民俗村、景区和闲置用地，设置占地较多的大型步道服务设施，如综合服务驿站、服务驿站等。如果当地已经规划建设绿道或风景道，应根据绿道或风景道的服务设施设置情况，适当增加或减少步道服务设施类型及数量，优化步道服务设施空间布局，实现步道、绿道和风景道互为补充，协调发展。

第 6 章 基于 3S 空间技术的步道规划技术方法

6.1 海内外国家步道规划经验

美国农业部森林服务部门针对国家步道规划、设计及建设环节，采用步道调查评价（Trail Assessment & Condition Surveys）的目标管理模式（Trail Management Objectives），以表格的方式控制步道的形式、分类、管理用途、设计用途和设计参数五项内容，从而对每段步道的规划、设计及实施等环节进行有效的控制，并采用3S技术（RS、GIS、GPS）作为辅助手段，具体应用为：①采集适用于ArcGIS的表格信息；②将ArcGIS应用于数字地图的空间和表格信息展示；③将GPS应用于采集适用于ArcGIS的空间数据。①

我国台湾地区的"国家步道"是指位处山岳、海岸及郊野地区，经过审慎勘察遴选所指认的国家级步行体验廊道。"国家步道"遴选主要考察两类因素：①步道的潜力因子，即步道具有的资源特色；②步道的限制因子，即步道游憩利用的难度、潜在的危险以及步道设置对生态环境造成的冲击。在此基础上应用"国家步道"资源潜力评估分析表、限制因子评估分析表，对实地踏勘的步道线路进行定性评价，根据评价结果遴选确定"国家步道"线路方案。②步道规划主要采取现场勘查评估的方法，分为两个阶段：①图上规划选线。根据步道的设置目标，包括使用者、期待的难度及体验等不同需求，用地形图、航空照片、测量图等描绘出可能路线，在地图上标记可能的控制点和步道的走向。②勘查、设计与定线。利用测斜器、指南针、高度计和不同颜色的标旗、标记笔、测土杆、GPS等工具，现场指认控制点，找出最能符合需求且能合理建造和维护的路线。大约每3m挂一旗子，标示出最终路线。③

2010年中国登山协会颁布的《国家登山健身步道标准（修改稿）》提出，步道设置应遵循保障安全、难度适宜、人文关怀、融入环境、因势利导等原则。目前我国大陆地区关于景区游步道规划的研究尚多，但定性分析方法和规划经验仍发挥着决定性作用，在定

---

① http://www.fs.fed.us/recreation/programs/trail–management/tracs.shtml.
② 郭育任. 国家步道系统蓝图之规划[M]. 台北：台湾地区农业委员会林务局出版，2004：3–1，3–15，3–16.
③ 欧风烈. 步道生态工法设计暨施工手册[M]. 台北：明文书局，2007：16–17.

量研究方面开展较少，且研究涉及的影响因素仍较为简单。如，在游步道规划的前期分析中，提出以自然基础、人造构筑、景观空间作为评价因素。[①]在森林公园游览线路、游步道选线研究中，以高程、坡度、地类及视觉敏感性作为主要影响因子。[②]在风景区索道选线研究中，尝试对生态、安全、视觉影响、游人容量和交通五个因子进行定量评价。[③]目前针对步道规划的有关研究较少，[④⑤]步道规划的技术方法依赖实地踏勘和经验分析。

针对地形复杂多变、步道规划以三维空间为载体的特点，探索将3S技术（RS、GIS、GPS）集成应用于步道规划全过程，科学高效地指导步道规划建设，具有重要的探索价值、创新价值和应用价值。

6.2 步道规划的技术难点

步道规划编制存在的技术难点主要为：

（1）步道选线对高程、坡度、水文及生态条件敏感，需科学评价步道的建设条件。

（2）在地形复杂的地表三维空间进行规划编制，需准确确定步道线路的布局及服务设施的选址。

（3）步道服务设施应保障使用者的安全，服务设施体系完善、布局合理，设施服务区覆盖范围须达到《国家登山健身步道标准（修改稿）》有关配置要求。如休息站之间步行不应超过2小时，太阳能报警点之间应以4小时路程为宜，露营地之间不应超过8小时路程。

6.3 3S空间技术在步道规划中的集成应用方法设计

6.3.1 3S空间技术集成应用流程设计

针对上述技术难点，发挥3S技术的空间信息采集、分析和表达的优势，将其集成应用于步道规划的全过程（图6-1）。

（1）资料准备阶段。RS技术应用于高清卫片分析与解读，GIS技术应用于地形图的空间分析处理，GPS技术应用于现场踏勘记录航迹与航点信息。

（2）条件评价阶段。基于ArcMap软件，开展山区的高程、坡度、水文、植被等单因子评价。

---

① 张婧雅，魏民，张玉钧. 步道系统规划的前期调研分析[C]//中国风景园林学会2013年会论文集（上册）. 北京：中国建筑工业出版社，2013：828–830.
② 张冠婷，吴越. 基于GIS的鹅形山森林公园游步道选线系统的建立[J]. 中外建筑，2012(5)：111–113. 林继卿等. 灵石山国家森林公园游步道选线研究[J]. 北华大学学报（自然科学版），2010，11(4)：357–362.
③ 许丰思. GIS分析在山岳型风景区索道选线中的应用[D]. 北京：北京林业大学，2011：14–28.
④ 范勇，苗波涛，赵兰勇. 中国国家步道建设及发展状况概述[J]. 山东林业科技，2014(5)：111–114.
⑤ 董小云，刘婷. 大青山登山健身步道规划研究[J]. 内蒙古科技与经济，2012(16)：51–52.

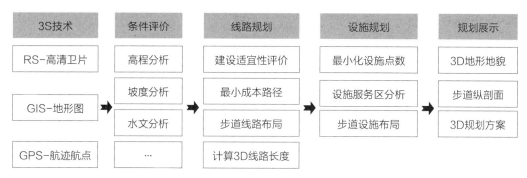

图6-1　3S应用于步道规划的技术流程图

（3）步道线路规划阶段。基于ArcMap软件，开展国家登山健身步道的建设适宜性评价、最小成本路径分析，与GPS记录的航迹航点进行比对，综合确定步道线路的布局方案，生成3D（Three Dimensions）步道线路并测算其3D长度。

（4）步道设施规划阶段。基于ArcMap软件，开展最小化设施点数分析、设施的服务区分析，与GPS记录的设施的候选航点进行比对，综合确定步道设施的布局方案。

（5）规划成果展示阶段。基于ArcScene软件，制作并展示山区3D地形地貌、3D规划方案；基于ArcMap软件，创建并展示3D步道线路的纵剖面。

6.3.2　3S空间技术在步道规划中的应用程序工具

1. 资料准备阶段

准备规划区范围内的地形图、高清卫片、土地利用规划图、文物保护单位的保护范围图等数据。准备手持GPS设备1套，现场踏勘记录航迹、航点。由地形图的等高线、高程点转换生成DEM（即数字高程模型，Digital Elevation Model）地表面，一般经过两个步骤：①由矢量要素创建TIN（即不规则三角网，Triangulated Irregular Network）；②由TIN创建栅格。[1]因山区投影变形较大，需应用"地理配准"工具将高清卫片（栅格数据）与地形图进行准确叠加，应用"空间校正"工具将航迹航点（矢量数据）与地形图进行准确叠加。如果坐标系不一致，应用"投影变换"工具将航迹航点数据转换到地形图所用坐标系（各程序工具的执行过程见表6-1）。

2. 条件评价阶段

对山体进行高程、坡度、水文条件和植被条件等单因子评价，为步道线路及设施优化布局提供依据。应用"等值线"工具，计算并划分山体的高程范围。应用"坡度"工具，计算山体的坡度分布，作为步道难度划定和台阶设置的重要依据。分析水文条件及径流分布状况，一般经过四个步骤：①流向分析；②计算水流长度；③汇流分析；④河网分析。[2]

---

[1] 牛强. 城市规划GIS技术应用指南[M]. 北京：中国建筑工业出版社，2012：100–104.

[2] 牟乃夏，刘文宝，王海银，等. ArcGIS 10地理信息系统教程——从初学到精通[M]. 北京：测绘出版社，2012：474–487.

3. 步道线路规划阶段

（1）步道建设适宜性评价。具体经过七个步骤：①构建评价因子体系。针对国家登山健身步道的特点，选取难度因素、吸引因素和避让因素，构建步道建设适宜性评价的因子体系。②缓冲区分析。因有些因子对步道的影响程度随距离增加而减弱，应用"多环缓冲区"工具，通过设定不同的距离，计算生成其缓冲区图层。③面转栅格。应用"面转栅格"工具，将各因子矢量图层转化为栅格图层。④重分类。根据对步道的影响程度，应用"重分类"工具，对各因子栅格图层进行赋值，赋值幅度为0～5。⑤确定因子权重。采用层次分析方法（Analytic Hierarchy Process），确定各因子的权重。⑥加权汇总。基于各因子的重分类图层及因子权重，应用"加权总和"工具，计算各栅格的综合得分。⑦制作步道建设适宜性评价图。根据综合得分，将各栅格划分为适宜、较适宜、较不适宜和不适宜建设等类型，生成国家登山健身步道的建设适宜性评价图。

（2）最小成本路径分析。根据实地勘察，确定步道选线的控制点，基于"成本距离"和"成本路径"工具，计算生成步道的最小成本路径图。

（3）比选确定步道线路。根据步道适宜性评价图、GPS航迹航点记录，参照踏勘状况、高清卫片，并与最小成本路径进行比选，最终确定步道线路规划方案。

（4）计算步道3D长度。创建用于存储3D数据的折线图层，将步道线路导入；应用"插值Shape"工具，将输入表面设置为DEM地表面，生成步道3D线路。在步道3D线路图层的属性表，添加"3D长度"字段，应用"计算几何"工具，选择3D长度，即得各条步道的3D长度。

4. 步道设施规划阶段

（1）构建步道的交通网络。基于ArcMap"网络分析"（Network Analyst）扩展模块，设定不同路段的通行速度，模拟步道通行情景，构建国家登山健身步道的交通网络。

（2）最小化设施点数分析。应用"最小化设施点数"工具，设定步道服务设施的必选点和候选点，按照不同的通行距离要求（如1小时或2小时路程），计算最少应配置的步道设施的数量及位置。

（3）步道设施的服务区分析。应用"新建服务区"工具，按照不同的通行距离要求，计算步道设施的服务区覆盖范围，并验证是否达到《国家登山健身步道标准（修改稿）》提出的配置要求。

（4）步道设施的优化布局。根据最小化设施点数分析结果，结合实际情况增加必要的设施点位，进一步检验并确保设施服务区的覆盖范围达到国家标准有关要求，最终实现步道设施的优化布局。

5. 规划成果展示阶段

（1）3D地形地貌展示。基于ArcScene软件，在DEM地表面的图层属性对话框，设置显示栏的高程、色带，调试浏览视角，得到3D地形展示效果。将高清卫片的图层属性对话框的基本高度选项卡，设置为从DEM地表面获取高程，调试浏览视角，得到3D高清卫片展示效果。

（2）步道纵剖面展示。基于ArcMap软件，在步道3D线路图层，选择各条3D线路，应用"创建剖面图"工具，计算生成其纵剖面图及详细数据。

（3）规划方案的3D展示。基于ArcScene软件，在3D高清卫片的基础上，添加步道3D线路和设施布局图层，并将图层属性对话框的基本高度选项卡设置为从DEM地表面获取高程，调试浏览视角，得到步道3D规划方案展示效果。

以ArcGIS 10.1软件为例，在步道规划编制全过程集成应用的具体程序见表6-1。

3S技术在步道规划编制中应用程序一览表　　　　表6-1

阶段	目的	程序功能	程序执行
资料准备	创建DEM地表面	矢量要素创建TIN；TIN创建栅格	ArcMap 10.1"工具箱\3D分析工具\TIN管理\创建TIN"；"工具箱\3D分析工具\由TIN转出\TIN转栅格"
	高清卫片与地形图叠加	地理配准	ArcMap 10.1主菜单"自定义\工具条\地理配准"
	航迹航点与地形图叠加	空间校正或投影变换	ArcMap 10.1主菜单"自定义\工具条\空间校正"或"工具箱\数据管理工具\投影和变换\要素\投影"
条件评价	高程分析	计算高程范围	ArcMap 10.1"工具箱\空间分析工具\表面分析\等值线"
	坡度分析	计算坡度	ArcMap 10.1"工具箱\空间分析工具\表面分析\坡度"
	水文分析	流向分析；计算水流长度；汇流分析；河网分析	ArcMap 10.1"工具箱\空间分析工具\水文分析\流向"；"工具箱\空间分析工具\水文分析\水流长度"；"工具箱\空间分析工具\水文分析\流量"；"工具箱\空间分析工具\水文分析\河网分级"
线路规划	步道建设适宜性评价	缓冲区分析；面转栅格；重分类；加权汇总	ArcMap 10.1"工具箱\分析工具\邻域分析\多环缓冲区"；"工具箱\转换工具\转栅格\面转栅格"；"工具箱\空间分析工具\重分类"；"工具箱\空间分析工具\叠加分析\加权总和"
	最小成本路径分析	计算成本距离；计算最小成本路径	ArcMap 10.1"工具箱\空间分析工具\距离分析\成本距离"；"工具箱\空间分析工具\距离分析\成本路径"
	计算步道3D长度	创建3D折线图层；生成3D线路；计算几何	ArcMap 10.1创建存储3D数据的折线图层；"工具箱\3D分析工具\功能性表面\插值Shape"；在图层属性表添加"3D长度"字段，计算几何，选3D长度
设施规划	构建交通网络	交通网络建模	ArcMap 10.1主菜单"自定义\工具条\网络分析"
	计算最少设施点	最小化设施点数分析	ArcMap 10.1主菜单"自定义\工具条\网络分析\新建位置分配"
	计算服务区	服务区分析	ArcMap 10.1主菜单"自定义\工具条\网络分析\新建服务区"
规划展示	3D地形展示	制作3D地形图	ArcScene 10.1选DEM地表面的图层属性对话框，设置显示栏的高程、色带
	3D卫片展示	制作3D高清卫片	ArcScene 10.1选高清卫片的图层属性对话框，设置从DEM地表面获取高程
	纵剖面展示	创建剖面图	ArcMap 10.1主菜单"自定义\工具条\3D分析工具条\创建剖面图"
	3D规划方案展示	制作3D规划图	ArcScene 10.1选步道线路与设施图层属性对话框，设置从DEM地表面获取高程

6.4 3S空间技术在步道规划中的集成应用示例

在北京昌平区以十三陵镇为主体,以南口镇和延寿镇的相邻区片为两翼,依托明十三陵、居庸关长城两大世界文化遗产,形成国家登山健身步道建设的启动区,总面积335km^2。将3S空间技术集成应用于国家登山健身步道规划的资料准备、条件评价、线路规划、设施规划及成果展示等全过程,系统构建了国家登山健身步道建设适宜性的评价因子体系、评价方法及技术流程,并将评价结果应用于步道线路优化的规划实践之中。

6.4.1 资料准备阶段

基于规划范围内1:10000地形图(DLG格式),计算生成DEM地表面。购置分辨率达0.5~0.6m的高清卫片,经地理配准实现其与地形图的准确叠加。经空间校正,将手持GPS记录的航迹航点数据与地形图准确叠加。将昌平区1:10000地形图(DEM格式)作为工作底图,并准备土地利用总体规划图、文物保护单位的保护范围图等辅助数据。

6.4.2 步道建设适宜性评价

1. 步道建设适宜性评价因子体系

根据《国家登山健身步道标准》、海内外步道规划建设实践以及北京昌平山区实际,将国家登山健身步道的建设适宜性评价的影响因素分为以下3大类型,共14个影响因子(图6-2)。

(1)难度因素。登山健身步道的难度由山体高程、坡度两个因子综合决定。山体的高程决定登山者在登顶过程中克服重力做功的量,山体越高,登山者克服重力做功所消耗的体能越多。山体的坡度决定登山者在登山过程中体能消耗的速度。一般地,山体坡度越大,登山者在登山过程中体能消耗越快,身体耐受的不适感越强。

(2)吸引因素。吸引因素决定某一登山健身步道路段对登山者的吸引力,由植被、景区公园、旅游资源、水体等影响因子综合决定。基于城市居民追求清洁空气和优良生态环境的诉求,步道线路以经过植被优良的地段为佳,且不同的植被类型对登山者的吸引力不同。步道沿途经过A级景区、公园及旅游资源点,能大大增加其对登山者的吸引力。此外,亲水步道、滨水步道也是受登山者青睐的步道类型。

(3)避让因素。避让因素是登山健身步道选线需要避开并保持一定安全距离的因素,包括基本农田、文物保护单位、电力线、油库、燃料库、露天矿、采掘场、坟地(非景点)等。步道选线不能占用基本农田,应避开文物保护单位的保护范围,与电力线、油库、燃料库保持足够的安全距离,与露天库、采掘场保持一定的视觉距离,并避开非景点的坟地等。

2. 影响因子赋值

根据对国家登山健身步道建设的影响方式,将部分影响因子进行赋值。基于DEM格式的底图数据，计算得出山体的坡度、高程图层。测算山体的高程，将高程0～400m、400～800m、800m以上的山体，作为低难度、中难度、高难度的登山健身步道的选线区段；测算山体的坡度，将坡度10%～25%的路段作为登山健身步道的主要选线区段，坡度超过25%以上的路段须设台阶。

基本农田图层按照"是""否"两种属性值进行赋值，文物保护单位图层按照位于"保护范围""建设控制地带""建设控制地带以外"三种属性值进行赋值，植被图层按照"密林地""疏林地""灌木""草地""花卉苗圃""耕地"等属性值进行赋值（表6-2）。

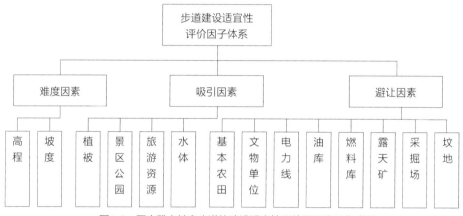

图6-2　国家登山健身步道的建设适宜性评价因子体系构成图

3. 缓冲区分析

景区公园、旅游资源、水体、电力线、油库、燃料库、露天库、采掘场、坟地等影响因子，对登山健身步道的影响程度随距离变大而衰减。基于ArcMap10.1"目录"面板的"工具箱\系统工具箱\分析工具\邻域分析\多环缓冲区"工具，对上述因子分别根据其影响特点设定相应的缓冲距离数值（如景区公园、旅游资源、水体对步道的影响范围由大至小，则设定的缓冲距离也由大至小），得到各因子的缓冲区图层。

4. 转换成栅格数据

基于ArcMap 10.1"目录"面板的"工具箱\系统工具箱\转换工具\转栅格\面转栅格"工具，将所有矢量因子图层转换为栅格数据。

5. 重分类

基于ArcMap 10.1"目录"面板的"工具箱\系统工具箱\空间分析工具\重分类\重分类"工具，按照各因子对国家登山健身步道建设的影响程度，将所有因子栅格图层进行重新赋值，赋值幅度为0～5（表6-2，图6-3～图6-6，彩图7～彩图10）。具体分为以下三种情况。

（1）根据数值范围重新赋值。如，坡度为5%～25%的山体为中低难步道选线的理想区段，坡度在25%以上的路段须设台阶，坡度60%以上的路段几乎不具备登山健身步道的选线条件；按照上述坡度范围，对坡度图层进行重新赋值。在北京昌平山区海拔为400～800m的山体适宜大多数人群登山健身的需求；400m以下的山体登山健身的难度偏低，800～1200m的山体登山健身的难度略高，1200m以上的山体登山健身的难度偏高。按照上述高程范围，对高程图层进行重新赋值。

（2）根据缓冲距离重新赋值。将转化为栅格的各缓冲区图层，根据各因子不同的缓冲距离进行重新赋值。

（3）根据属性值重新赋值。基本农田、文物保护单位和植被图层，根据其不同的属性值进行重新赋值。如，由于不同类型的植被对登山者的吸引力不同，植被因子图层按照密林地、疏林地、灌木、草地、花卉苗圃、耕地等类型，进行重新赋值。

国家登山健身步道的建设适宜性评价因子体系赋值一览表　　　表6-2

分类	因子	因子赋值					
难度因素	坡度	坡度范围（%）	0～5	5～15	15～25	25～45	45～60	>60
		重新赋值	3	5	4	3	1	0
	高程	海拔范围（m）	0～400	400～800	800～1200	1200～1600	>1600	
		重新赋值	3	5	4	2	0	
吸引因素	景区公园	缓冲距离（m）	0～500	500～1000	1000～2000	>2000		
		重新赋值	5	4	2	0		
	旅游资源	缓冲距离（m）	0～100	100～200	200～500	>500		
		重新赋值	5	4	2	0		
	植被	类型	密林地	疏林地	灌木	草地	花卉苗圃	耕地
		重新赋值	5	4	3	3	2	1
	水体	缓冲距离（m）	0～20	20～30	30～50	>50		
		重新赋值	4	5	3	0		

续表

分类	因子	因子赋值				
避让因素	基本农田	判断值	是	否		
		重新赋值	0	5		
	文物保护单位	属性值	保护范围	建设控制地带	建设控制地带以外	
		重新赋值	0	3	5	
	电力线	缓冲距离（m）	0~50	50~100	100~200	>200
		重新赋值	0	2	4	5
	油库、燃料库	缓冲距离（m）	0~1000	1000~2000	2000~3000	>3000
		重新赋值	0	2	4	5
	露天库、采掘场	缓冲距离（m）	0~1000	1000~2000	2000~3000	>3000
		重新赋值	0	2	4	5
	坟地	缓冲距离（m）	0~100	100~200m	200~500	>500
		重新赋值	0	2	4	5

图6-3 坡度因子重分类得分图

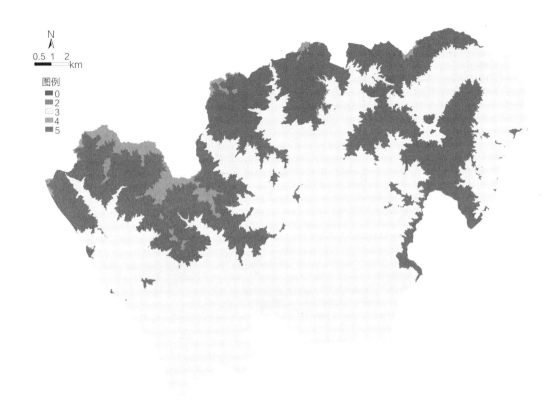

图6-4 高程因子重分类得分图

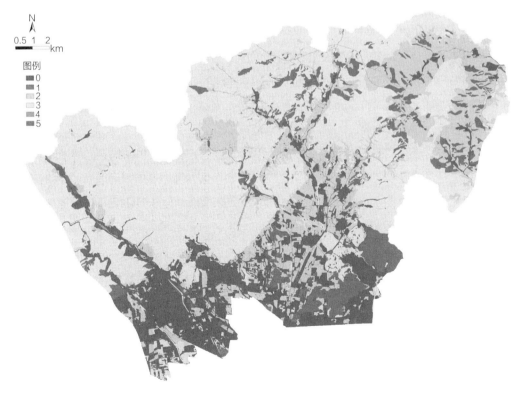

图6-5 植被因子重分类得分图

图6-6 景区因子重分类得分图

6. 确定因子权重

运用层次分析方法（Analytic Hierarchy Process）将国家登山健身步道的建设适宜性评价因子体系分为两级：①第一级为难度、吸引、避让三大类因素；②第二级为以上三大类因素细分的多个因子。首先两两比较第一级因素之间的相对重要性，再就各因素内部因子两两比较其之间相对重要性，并给出定量表示，然后计算出每一层次全部因子的相对重要性的权重，并加以排序。

采用我国学者开发的Yaahp 9.0软件①，执行层次分析方法的操作过程，进而计算各因子权重。经过构造层次联系模型、构造判断矩阵并通过矩阵一致性检验，计算得出各因子权重值见表6-3。值得说明的是，在计算因子权重时将属于同一图层的因子作了合并处理，视为权重值相同。

国家登山健身步道的建设适宜性评价因子体系权重一览表　　　　表6-3

评价因素	因素权重	评价因子	因子权重
难度因素	0.62	坡度	0.50
		高程	0.12

---

① Jianhua Zhang.yaahp9.0[CP].2014–10–20．http://www.jeffzhang.cn.

续表

评价因素	因素权重	评价因子	因子权重
吸引因素	0.24	景区公园	0.12
		旅游资源	0.06
		植被	0.03
		水体	0.03
避让因素	0.14	基本农田	0.07
		文保单位	0.03
		电力线	0.01
		油库、燃料库	0.01
		露天矿、采掘场	0.01
		坟地	0.01

7. 计算栅格综合得分

基于ArcMap 10.1"目录"面板的"工具箱\系统工具箱\空间分析工具\叠加分析\加权总和"分析工具，将所有因子重分类图作为输入栅格，按照《国家登山健身步道的建设适宜性评价因子体系权重一览表》设置各因子的权重值，计算得出各栅格单元的综合得分。

8. 生成步道建设适宜性评价图

按照上述步道建设适宜性评价因子体系及评价技术流程，针对难度因素、吸引因素和避让因素共14个影响因子，经过缓冲区分析、面转栅格、生成重分类图层、确定因子权重、加权汇总等环节，得到各栅格的综合得分，计算得到栅格综合得分等环节，按照综合得分自高至低将各栅格单元划分为四级：①得分最高的等级为适宜步道建设用地；②得分次高的等级为较适宜步道建设用地；③得分较低的等级为较不适宜步道建设用地；④得分最低的等级为不适宜步道建设用地。经调整图面显示效果，生成国家登山健身步道的建设适宜性评价图（图6-7，彩图11）。

9. 评价结果应用

1）按照建设适宜性等级确定步道规划策略

根据不同地段的步道建设适宜性等级，采取相应的步道线路规划策略：①对不适宜步道建设用地，应尽量避免步道线路经过；②对较不适宜步道建设用地，步道选线应特别慎重、精准，不宜集中连片、较大规模地进行步道选线；③对较适宜步道建设用地，步道选线应切实考虑避让因子的影响；④对适宜步道建设用地，应进行步道选线的多方案比较，优中选优。

图6-7　昌平启动区国家登山健身步道的建设适宜性评价图

2）计算生成最小成本路线

根据实地勘察，将步道选线必经的若干地点作为控制点，基于ArcMap 10.1的成本距离和成本路径分析工具，计算步道的最小成本线路。具体操作如下：基于ArcMap 10.1"目录"面板的"工具箱\系统工具箱\空间分析工具\距离分析\成本距离"工具，将某控制点作为目的地，将步道建设适宜性评价图作为成本栅格数据，生成距离栅格数据、回溯链接栅格数据；将该控制点的相邻控制点作为出发点，基于ArcMap 10.1"目录"面板的"工具箱\系统工具箱\空间分析工具\距离分析\成本路径"分析工具，将步道建设适宜性评价图作为成本栅格数据，输入距离栅格数据、回溯链接栅格数据，进而计算生成步道最小成本线路图。

6.4.3　步道线路规划阶段

基于生成最小成本路径，根据实地踏勘情况，将最小成本路径与实地踏勘线路进行比选，避让地质灾害地段、洪灾易发地段等，实现步道线路优化布局，最终确定步道线路的布局方案。

以居庸关长城步道环线为例，在拟新建步道区段经现场踏勘确定A、B、C、D四个控制点，分别将其作为原点和目标点，以步道建设适宜性评价综合得分为成本栅格，计算得到最小成本路径。将现场踏勘的GPS航迹记录与最小成本路径比对，将两者差别较大的CD段进一步细分，其中CE段两者差别显著，FD段两者有一定差别（图6-8，彩图12）。经现场补充踏勘并结合高清卫片分析，因CE段、FD段的最小成本路径存在洪灾隐患，最后将AB段、BC段、EF段的最小成本路径和CE段、FD段的GPS航迹作为选定线路。

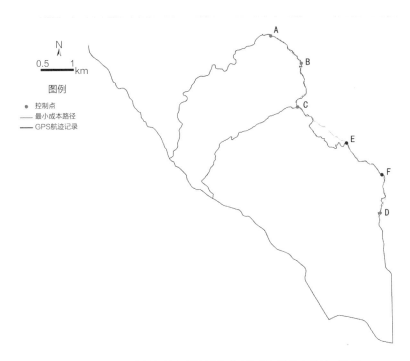

图6-8　居庸关长城步道的最小成本路径与踏勘定线的对比图

最终在昌平启动区规划步道总长270km，串联十三陵镇、南口镇、延寿镇的主要旅游资源、景区、项目及民俗村落，预留与周边区县及河北省步道的对接口（图6-9，彩图13）。其中2条步道主线为世界遗产国际精品步道、皇家风景道，7条步道主题环线为居庸关长城步道、十三陵皇家步道、十三陵亲水步道、碓臼峪休闲步道、银山塔林禅修步道、大黑山探险步道和延寿寺养生步道。针对不同人群需求，分别构建0.5～1天、1～2天、2～3天的主题登山健身游程，总计提供7～15天登山健身游程。步道建成之后，能够举办国际登山联合会（UIAA）、国际市民体育联盟徒步大会（IVV）赛事，举办国际自行车联盟（UCI）山地车比赛，举办中国登山运动比赛，成为国际登山联合会（UIAA）会员国队伍竞赛、训练、培训地和国家登山运动队伍训练基地，成为民间登山运动组织、登山健身爱好者的专业练习和竞技场地、全民健身运动的理想场地。

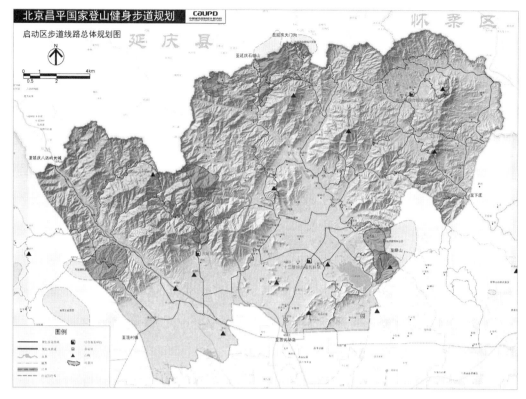

图6-9　昌平启动区国家登山健身步道线路规划图

6.4.4　步道服务设施规划

基于ArcMap 10.1的"网络分析"（Network Analyst）扩展模块，模拟构建国家登山健身步道系统的交通网络，计算设施服务区覆盖范围，应用"最小化设施点"模型，将分析结果作为步道服务设施优化布局的依据。

1. 构建交通网络

昌平国家登山健身步道系统由旅游风景道（自驾车）、山地自行车道、步行道三种道路无缝衔接构成，基于ArcMap10.1的"网络分析"扩展模块，分别为旅游风景道（时速40km/h）、山地自行车道（时速20km/h）、步行道（时速3km/h）设定不同的通行速度，模拟国家登山健身步道系统的通行情景，构建国家登山健身步道系统的交通网络。

2. 设施服务区分析

应用ArcMap 10.1的"网络分析"扩展模块的"新建服务区"功能，按照不同的通行距离要求（如40分钟路程、1小时路程），分别计算休息站、露营地、太阳能定位报警点的服务区覆盖范围，并验证其布局方案是否达到《国家登山健身步道标准（修改稿）》提出的配置要求。

3. 最小化设施点分析

应用ArcMap 10.1的"网络分析"扩展模块的"新建位置分配"功能的"最小化设

施点数"模型,经实地踏勘,设定步道服务设施的必选点和候选点,并记录为GPS航点。按照不同的通行距离要求,分别计算最少应配置的休息站、露营地、太阳能定位报警点的数量。

以露营地为例,实地踏勘确定1处必选点(即现状1处露营地)和8处候选点(具备露营地建设条件及意愿),经最小化设施点位分析,若实现3小时通行距离的服务区对步道线路全覆盖,则至少需配置2处露营地(图6-10)。同理,若按1小时通行距离的服务区实现步道线路全覆盖,至少需要设置休息站14处。若按2小时通行距离的服务区实现步道线路全覆盖,至少需要设置太阳能定位报警点5处(图6-11)。

图6-10 露营地的最小化设施点分布图　　　　图6-11 报警点的最小化设施点分布图

4. 步道服务设施优化布局

在按照不同的通行距离要求,分别计算得出休息站、太阳能报警点、露营地的最小化设施点数的基础上,根据实际情况,新增不同类型的服务设施的点位,根据实际情况增加必要的服务设施点位,检验并确保其服务区覆盖范围达到《国家登山健身步道标准(修改稿)》的配置要求,进而实现昌平启动区国家登山健身步道服务设施的优化布局。

根据昌平启动区国家登山健身步道服务设施布局方案,按照不同的通行距离要求,分别计算休息站、露营地、报警点的服务区覆盖范围,得出:①休息站的40分钟通行距离的服务区覆盖范围达到步道线路的95%以上,1小时通行距离的服务区实现步道线路全覆盖;②露营地的1小时通行距离的服务区覆盖范围达到步道线路的95%以上,2小时通行距离的服务区实现步道线路全覆盖(图6-12);③太阳能定位报警点的40分钟通行距离的服务区覆盖范围达到步道线路的95%以上,1小时通行距离的服务区实现步道线路全覆盖(图6-13)。根据以上设施服务区分析结果,昌平启动区的休息站、露营地、太阳能定位报警点的服务标准已经达到并高于《国家登山健身步道标准(修改稿)》提出的配置要求。

除上述3类步道设施以外,根据实地踏勘情况和登山健身者的需要,基于综合服务驿站、服务驿站、接待站和救助站等步道设施的GPS航点,将服务区分析结果作为设施点位调整优化的依据,经多次比选,直至形成各类步道设施点位的优化布局方案。最终在昌平启动区构建完善的国家登山健身步道的服务设施体系,明确了综合服务驿站(3处)、

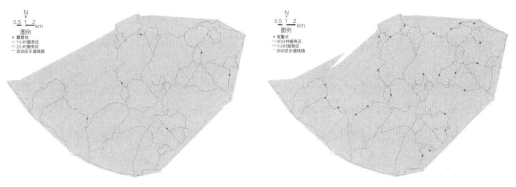

图6-12 露营地的服务区范围图　　　　图6-13 报警点的服务区范围图

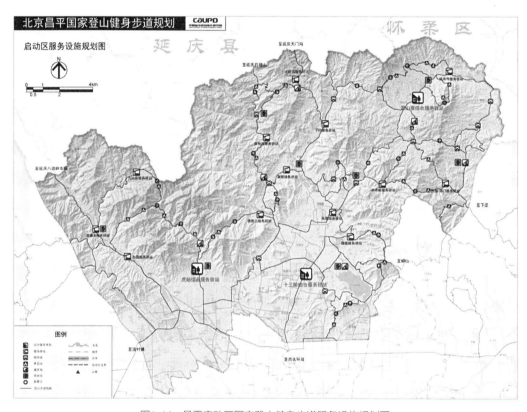

图6-14 昌平启动区国家登山健身步道服务设施规划图

服务驿站（13处）、接待站（12处）、救援站（8处）、休息站（25处）、太阳能报警点（24处）和露营地（6处）的布局方案（图6-14）。

6.4.5 步道规划成果展示

1. 地形地貌3D展示

基于ArcScene 10.1软件，设置DEM地表面的图层属性对话框的显示栏（高程、色带），调试三维浏览视角，得到3D地形图（图6-15，彩图14）；将高清卫片的基本高度选项卡设置为从DEM地表面获取高程，调试三维浏览视角，得到3D高清卫片。

2. 步道线路纵剖面展示

基于ArcMap 10.1"目录"面板的"3D Analysis 工具\功能性表面\插值Shape"工具，进一步生成各条步道3D线路。基于ArcMap10.1"3D Analyst工具条\创建剖面图"工具，计算生成各条步道线路的三维纵剖面图及其相关详细数据。

3. 步道规划方案3D展示

基于ArcScene 10.1软件，在3D高清卫片的基础上，添加各条步道的3D线路，将步道3D线路图层的基本高度选项卡设置为从DEM地表面获取高程，调试得到昌平启动区国家登山健身步道的3D规划方案图（图6-16，彩图15）。

图6-15　昌平启动区3D地形图

图6-16　昌平启动区国家登山健身步道3D规划方案图

6.5 小结

目前在国家登山健身步道规划建设实践中,定性分析仍起到决定性作用,定量研究较为欠缺。在地形复杂多变的三维空间进行步道规划编制,存在诸多技术难点,本书尝试将3S技术集成应用于北京昌平国家登山健身步道规划编制的全过程,取得了良好的规划实践效果。针对国家登山健身步道的特点,选取3大因素共14个因子构成步道建设适宜性评价因子体系;根据各因子的影响特点确定其赋值,运用层次分析方法确定各因子权重,基于ArcGIS空间分析工具,计算得出国家登山健身步道的建设适宜性评价结果图,并将评价结果应用于步道线路的优化比选之中;将3S空间技术成功应用于步道服务设施优化布局、步道规划成果展示环节。

上述探索对构建国家步道规划编制的技术方法体系,促进形成国家步道规划的技术规范,指导国家步道规划实践等,具有一定的创新价值和应用价值。

下篇

步道规划实例

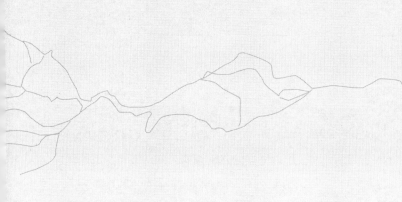

第7章　顺义五彩浅山国家登山健身步道规划

7.1　总则

7.1.1　规划范围

本次规划范围为北京市顺义区的北石槽镇、木林镇、龙湾屯镇、张镇和大孙各庄镇等五镇的镇域，总面积308km²（图7-1、图7-2）。规划重点为北石槽镇、木林镇、龙湾屯镇、张镇和大孙各庄镇等五镇的浅山地区。规划研究范围涵盖顺义区，部分扩展至北京市域。

7.1.2　发展背景

1. 推动《顺义五彩浅山国际休闲度假产业带发展规划》实施

《顺义五彩浅山国际休闲度假产业带发展规划》提出，在顺义浅山区五镇以浅山绿道

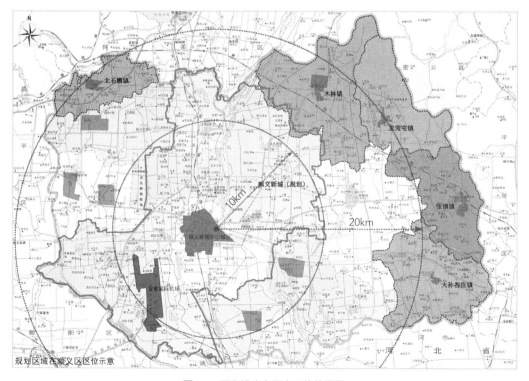

图7-1　五彩浅山在顺义区的位置图

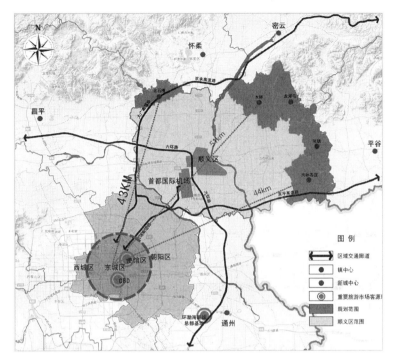

图7-2　五彩浅山的区位关系图

（包括五彩大道和五彩浅山国家登山健身步道）为纽带，以山体、水系、景区、田园为载体，塑造"五彩浅山"整体形象，构建国际休闲度假产业发展带，成为北京市创建世界一流旅游城市的浪漫花园（图7-3，彩图16）。

作为五彩浅山国际休闲度假产业带的特色项目之一，国家登山健身步道是推动浅山区整体开发的纽带。

2. 落实《全民健身条例》《国民旅游休闲纲要（2013—2020年）》新要求

2009年国务院颁布《全民健身条例》，决定自2009年起将每年8月8日设置为"全民健身日"。

国务院印发的《全民健身计划（2011—2015年）》则明确指出，充分利用山水等自然条件，建设健身步道、登山道。

国务院办公厅发布的《国民旅游休闲纲要（2013—2020年）》提出大力推广健康、文明、环保的旅游休闲理念。到2020年，职工带薪年休假制度基本得到落实，城乡居民旅游休闲消费水平大幅增长，并就国民旅游休闲，提出保障时间、改善环境、设施建设、产品开发、完善服务、提升质量等要求。

3. 适应北京2000万常住人口的户外健身需求

2012年北京市常住人口2069.3万人，人均GDP 13797美元。根据发达国家和地区经验，人均GDP达到10000美元之后，居民生活方式和消费的兴趣点会发生转移，更加注重学习、体育以及休闲娱乐消费。据调查，北京居民健康消费支出明显增加，旅游已与健康挂钩，从单纯观光，转向寻求身体和心理双重放松。

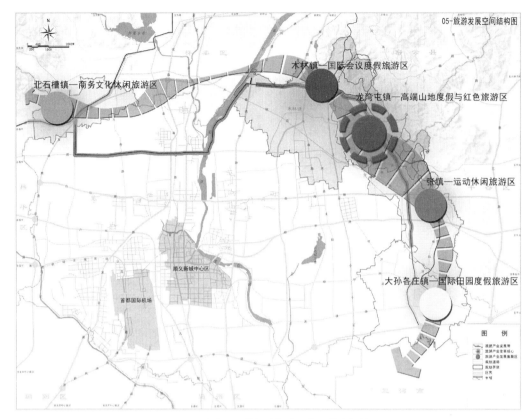

图7-3　五彩浅山国际休闲度假产业发展带空间结构图

4. 助力后发山区的扶贫脱贫

因既无平原地区特有的发展机会,又缺乏山区特有的高品质旅游资源,顺义浅山区农民年人均纯收入仅为1.1万元,低于北京市山区、平原地区的农民收入总体水平,属于北京市最欠发达地区之一。

通过深入挖掘,发现顺义浅山区的山形地势舒缓,生态环境优良,户外运动项目初具规模,具备登山健身步道的建设条件。

7.1.3　规划任务

针对国内尚无步道规划规范的现状,根据步道规划自身特点,结合顺义区"尽快启动步道建设"的迫切要求,创新提出将步道规划分为以下两个层次(图7-4):

(1)规划区步道总体规划。描绘规划区远景步道蓝图,规划内容达到"三定"深度,即确定步道主线、综合服务基地及其与区域交通的衔接关系。

(2)启动区步道系统规划。指导启动区近期步道建设,规划内容达到"七定"深度,即确定步道线路、步道功能、步道难度、步道材质、步道建设方式和服务设施布局以及建设标准指引(含步道建设标准指引、服务设施建设标准指引与景观风貌标准指引)。

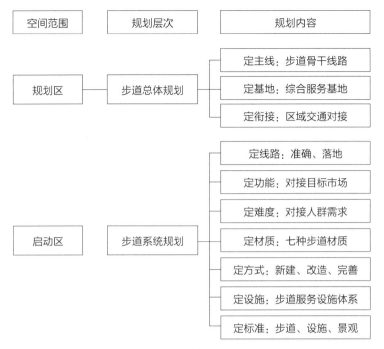

图7-4 顺义步道规划的层次与任务图

7.1.4 规划依据

本次规划借鉴美国国家步道系统等成熟的海外经验，依据《国家登山健身步道标准（修改稿）》等有关标准进行编制。《国家登山健身步道标准（修改稿）》的基本内容如下。

概念界定：登山健身步道即以登山为基本方式，在山地上修建的以健身为目的的步道（区别于旅游步道等）。步道就是行走的道。

（1）线路设置：难度适宜、人文关怀、保障安全、规划协调等原则。

（2）功能分类：山野步道、探险步道、亲子步道、自然科普教育步道。

（3）步道形状：线状步道、环形步道、网状步道。

（4）建设标准：路面、坡度、材质、道路类型（原地土石道、木栈道、砾石道、间隔石道、台阶、桥梁、灰渣道等）。

（5）配套设施：休息站、露营地、接待站、标识系统。

（6）安全系统：包括报警点、临时避难场所等安全体系。

7.1.5 规划技术路线

面对地形复杂的山地三维空间，为克服传统二维空间规划方法的局限性，本次规划充分发挥3S技术（RS、GIS、GPS）的空间信息采集、分析和表达优势，率先将3S技术集成应用于国家登山健身步道规划全过程，深入基础资料准备、建设条件评价、步道线路规划、步道设施规划和规划成果展示各环节，并综合分析顺义发展条件、目标市场细分需求，编制顺义五彩浅山国家登山健身步道规划。本次规划的编制技术路线如图7-5所示：

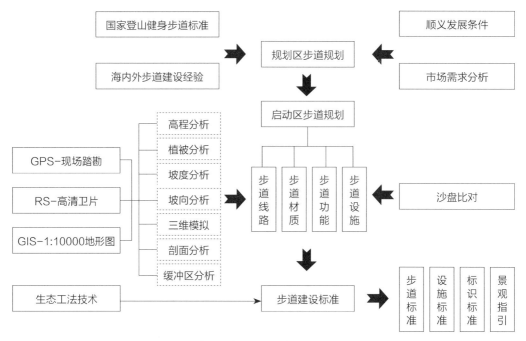

图7-5 五彩浅山国家登山健身步道规划的技术路线图

7.2 现状条件

7.2.1 步道基础

1. 步道现状

现状步道主要集中于龙湾屯镇浅山区的北大沟、安利隆，总长不足10km。除北大沟林场以外，大部分步道由企业自发兴建（图7-6）。

2. 存在问题

（1）步道建设规模较小，空间分散，未成合力；
（2）步道路面宽度与材质尚未达到国家登山健身步道标准；
（3）步道配套设施匮乏，建设标准低，不成系统。

7.2.2 发展条件

1. 优美的浅山生态环境

在北石槽镇，京密引水渠和凤凰山相互辉映。在木林镇，唐指山水库、峪子沟和鞑子沟山水组合环境优美。在龙湾屯镇，30里浅山植被丰茂，季相变化丰富，水系资源充沛。在张镇，龙凤山景观秀美，莲花山环境优良。在大孙各庄镇，浅山区特色农业优势与田园景观突出。

2. 山形地势适宜户外登山健身

经测算，唐指山村—峪子沟—河南寨镇段，最低高程51m，最大高程414m，平均坡度8.5%；峪子沟—北大沟段，最低高程85m，最大高程232m，平均坡度6.5%；鞑子沟—北大沟段，最小高程198m，最大高程607m，平均坡度20.6%（图7-7）。

3. 户外休闲运动健身资源优势明显

顺义浅山区拥有适宜开展登山健身、山地自行车、马术、马球、极限运动等资源优

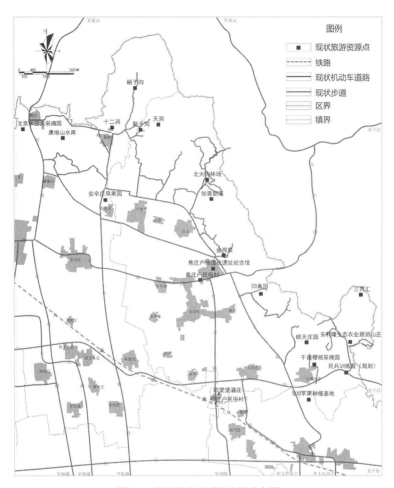

图7-6　顺义浅山区现状步道分布图

图7-7　顺义浅山区北部区域鸟瞰图

势,并且拥有适宜开展温泉养生、功能食疗、抗衰老及养生健康旅游等资源优势。

4. 户外休闲运动产业发展潜力巨大

顺义浅山区位于中心城1小时辐射圈内,近邻朝阳区CBD、使馆区、环渤海企业总部基地等高端客源市场,具有开发户外运动休闲、商务会议、养生度假等旅游产品优势。

5. 顺义区旅游业发展基础支撑较好

2011年顺义区旅游接待394万人,同比增长8.6%;旅游综合收入40.68亿元,同比增长15.4%,旅游综合收入在北京市郊区排第三位;有A级景区7家,星级饭店19家,社会旅馆131家。

顺义浅山区现有3A级景区1家,即焦庄户地道战遗址纪念馆,年接待游客约40万人;莲花山滑雪场年接待游客约20万人;有星级饭店1家,社会旅馆9家,其中,龙湾屯镇安利隆生态农业旅游山庄为三星级饭店,浅山区的北石槽镇、龙湾屯镇和大孙各庄镇的观光农业有一定的发展基础(表7-1)。总体而言,顺义浅山区旅游业仍处于起步阶段,旅游业发展迅速,潜力巨大。

顺义星级饭店、社会旅馆分布表　　　　　　　　表7-1

	星级饭店(家)	社会旅馆数量(家)
顺义区	1	1
北石槽镇		1
木林镇		4
龙湾屯镇	1(三星)	
张镇		3
大孙各庄镇		1
浅山区小计	1(三星)	9

7.2.3 经验借鉴

1. 宁海国家登山健身步道

1)概况

浙江宁海县获得我国首个国家登山健身步道授牌。宁海一期步道跨越宁海县7个乡镇(街道)和1个林场。包括100km的登山步道和50km的山地自行车道(一期未建成),路径上设计了休息站、露营区、接待站、报警点、垃圾处理系统等辅助设施。

依托徐霞客古游道线路,串接包括杜鹃山、徐家山、龙潭、石龙庙等旅游资源,根据沿途的自然风景和植被,建成具有健身功能的落叶步道、砂石步道、木栈道、砾石道等。

宁海二期建设400km的登山健身步道,并完成步道标识安装。目前宁海建成遍布城乡总里程达到500多公里的"千里休闲健身步道"(图7-8)。

2)经验

宁海依托优良的生态环境和丰富的自然人文资源,充分利用已有步道路面,构建登山

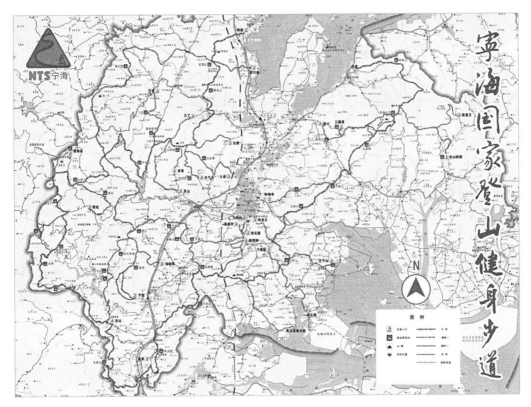

图7-8 宁海国家登山健身步道布局图

健身步道，并配套步道设施，成为我国首条国家登山健身步道。

宁海登山健身步道尽量串联旅游资源及特色村落，既是供游人户外健身的生态路，又是一条富民路。

宁海与国家体育总局中国登山协会合作，提出国家登山健身步道概念，并联合制定《国家登山健身步道标准（修改稿）》。

3）反思

宁海步道路面宽度较窄，某些地段步道宽度仅约40～70cm，相当部分的步道依托机耕路，建设标准较低。

步道的配套设施不成系统，不尽完善，休息站、驿站的服务范围尚不能达到《国家登山健身步道标准（修改稿）》的要求，实现对步道的全覆盖。标识系统不尽完善，部分地段难以找到登山步道的入口，某些交叉口没有登山健身步道的指示方向。

登山步道与机动车转换不畅，山地自行车道刚起步建设，部分路段存在人车混行现象。

2. 我国台湾地区的步道

我国台湾的大部分地区为山地，步道建设历史较久，步道线路众多，仅台北、新北和基隆市就有100条步道（图7-9）。台湾地区的步道分为高山步道、郊野步道、海洋步道、森林步道、历史步道等类型，步道建设标准高，配套设施齐全。生态工法技术理念（Ecological Engineering Methods）和步道选线、建设、维护的经验值得学习借鉴。

图7-9　绿意盎然的台湾地区步道

资料来源：http://www.yogeev.com/article/10230.html

7.3　发展定位

7.3.1　目标定位

依托五彩浅山优良的山形地势、旅游资源及生态环境，构建登山健身步道、山地自行车道、旅游景观道"三位一体"，国际领先、国内一流的国家登山健身步道，建设五彩浅山国家登山健身步道公园，构建全国著名的都市休闲运动目的地和生态旅游消费地。

将五彩浅山国家登山健身步道建设成为全国著名的都市休闲运动目的地和生态旅游消费地、国家登山健身步道建设的示范地、国际登山组织的竞赛地和训练地以及国家登山运动的训练地、测试地。

7.3.2　市场定位

1. 按地域划分

以2000余万北京常住人口及旅居北京的国际人士为重点市场，以京外的国际国内登山健身爱好者为基础市场，以访京的休闲度假游客为潜力市场（图7-10）。

2. 目标人群细分

按年龄结构细分：以中青年运动健身人群为主体，兼顾中老年养生人群和青少年科普教育人群需求。

按组织方式细分：以家庭亲友聚会和单位组织活动为主体（图7-10）。

7.3.3　功能定位

针对家庭亲友聚会、单位组织活动、青少年科普教育、中青年运动健身、中老年养生

图7-10 五彩浅山国家登山健身步道的目标市场定位图

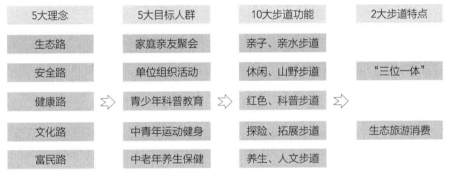

图7-11 五彩浅山国家登山健身步道的功能分析图

度假五大目标人群的细分需求,彰显生态路、安全路、健康路、文化路、富民路五大理念,构建山野、探险、拓展、休闲、养生、红色、科普、亲子、亲水、人文十大功能步道,形成登山健身步道、山地自行车道、旅游景观道"三位一体"的国家登山健身步道系统,拉动顺义浅山区的生态旅游发展(图7-11)。

7.4 规划区步道总体规划

7.4.1 规划原则

五彩浅山国家登山健身步道规划评价因素关系如图7-12所示。

1. 生态为本

步道选线因山就势,步道建设就地取材。步道线路经过生态优良地段,并确保对生态环境冲击最小。

2. 安全第一

步道选线避开冲沟、山洪、滑坡等易发地段,科学、完整配置步道救援系统。

3. 多样选择

提供不同难度的登山线路,适应不同年龄段、不同体能类型人群的登山健身需要。

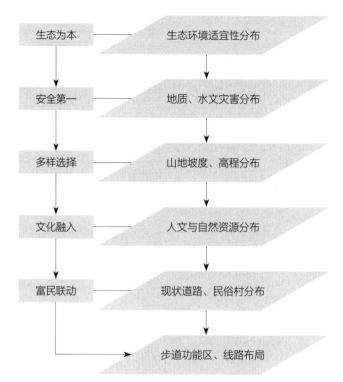

图7-12 五彩浅山国家登山健身步道规划评价因素关系图

4. 文化融入

步道串联人文资源，融入文化内涵，让步道有灵魂。让登山者获得双重体验，登山既是健身之旅，又是心灵之旅。

5. 联动富民

以步道主线和小环线为手法，串联旅游资源、景点、民俗村落及旅游项目，拉动综合消费，带动富民增收。

7.4.2 支撑条件

1. 生态本底：步道优先选择生态优良地段

顺义浅山区拥有优良的生态环境本底，拥有丰富的山、林、水、田等生态资源，登山健身步道的选线应串联生态环境条件较好的地段，为使用者提供良好的登山环境（图7-13，彩图17）。

木林镇和龙湾屯镇镇域的大部分不在北京市地表水和地下水资源保护范围之内，这为其水体景观利用和亲水步道建设提供了便利条件。

2. 旅游资源：步道最大化串联旅游资源

顺义五彩浅山的旅游资源类型较为丰富，自然资源、历史文化资源、"三农"资源及特色田园风情形成良好的组合优势。步道选线应最大化串接旅游资源，提升五彩浅山的旅游资源组合优势。

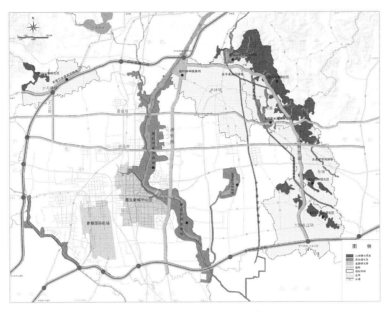

图7-13 五彩浅山生态要素分布图

木林镇以唐指山水库、鞍子沟、峪子沟为代表；龙湾屯镇以焦庄户地道战遗址、北大沟林场、安利隆生态庄园为代表；张镇以SOD苹果、莲花山滑雪场为代表；大孙各庄镇以无梁阁、万亩红提园为代表；北石槽镇以高尔夫俱乐部、京密引水渠为代表（表7-2）（图7-14，彩图18）。

五彩浅山旅游资源一览表　　　　　　　　　　　　　　表7-2

	单体名称	资源等级	开发潜力
木林镇	唐指山水库	3	++++
	鞍子沟、峪子沟、绿富农合作社、唐文化传说、木林镇民俗活动	2	++
	彩叶林	1	++
龙湾屯镇	焦庄户地道战遗址	4	+++
	焦庄户村、北大沟林场、安利隆农业生态庄园	3	++++
	双源湖、樱桃谷	2	++
	知青部落	1	+
张镇	SOD苹果	4	++++
	莲花山滑雪场	3	+++
	灶王爷传说、刘氏风筝、民歌	2	+
	良山村、汇源果汁基地	1	++
大孙各庄镇	无梁阁	3	++
	万亩红提园、绿奥基地、尹家府抗战大捷纪念馆	2	+++
	薛家庄手工艺品、长山贡米、抗战庞山惨案纪念碑	1	+
北石槽镇	东方明珠高尔夫俱乐部	3	+++
	京密引水渠、地热资源	2	+++
	御杏园、药材园、杜仲园	1	++

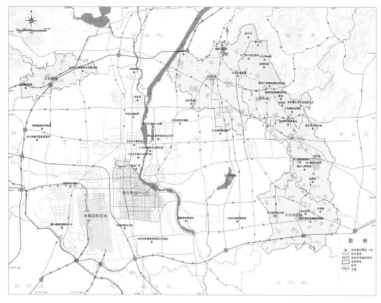

图7-14 五彩浅山旅游资源分布图

3. 对接交通：构建"三位一体"的国家登山健身步道

京承高速公路是顺义浅山区对外联系的主要快速通道，京平高速公路也是顺义浅山区对外联系的快速通道之一（图7-15，彩图19）。这两条高速公路能使顺义区以外的大部分游客快速抵达顺义浅山区。在建的五彩大道（木孙路）是串联顺义浅山区的旅游风景道路，既有景观功能，又有旅游道路功能，而且与京承高速、京平高速相连，是国家登山健身步道重点对接的道路。

顺义五彩浅山登山健身步道应与五彩大道对接，并考虑山地自行车的需求，实现步行、山地自行车、机动车无缝对接，构建"三位一体"国家登山健身步道系统。

4. 用地保障：依托存量建设用地、民俗村落，构建步道综合服务基地、服务驿站

目前顺义浅山区可利用的存量建设用地有24块，共234hm^2，可作为步道综合服务基地、服务驿站的备选用地（图7-16，彩图20）。与怀柔、密云等相邻区县的山区相比，顺义浅山区的环境容量大，且不位于地表水和地下水涵养区，土地开发的限制因素较少，这为五彩浅山国家登山健身步道的综合服务基地、服务驿站及配套设施建设提供了用地保障。

顺义浅山区现有唐指山村、焦庄户村、柳庄户村、安利隆生态山庄、欧菲堡酒庄等，可以依托这些民俗村落和接待服务设施建设步道综合服务基地、服务驿站。

7.4.3 总体布局

在顺义区浅山区五镇，对接不同人群户外健身的需求，规划五彩浅山国家登山健身步道的总体架构、主要步道线路及综合服务基地，实现与五彩大道、山地自行车道的无缝衔接，预留与密云、怀柔山区的对接口，构建登山步道、山地自行车、旅游景观道"三位一体"的全国著名的户外健身运动品牌地。将五彩浅山国家登山健身步道建设成为融生态、

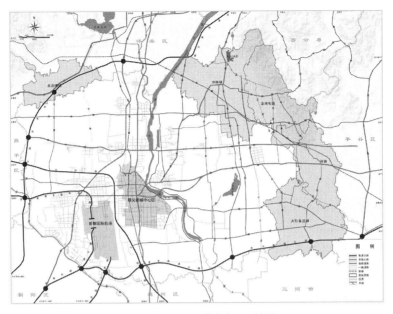

图7-15 五彩浅山道路交通现状图

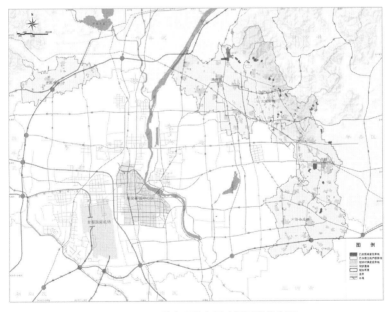

图7-16 五彩浅山现状存量建设用地分布图

特色、安全、活力为一体的健康路、景观路、富民路。

1. 空间结构

在顺义浅山区五镇构建"一纵三横"的步道空间结构,形成户外休闲运动目的地。其中,"一纵"即潮白河绿道,"三横"为五彩大道、山地自行车道线路、登山健身步道线路。

2. 总体布局

在顺义浅山区五镇规划建设登山健身步道线路总长280km,配套6个综合服务基地,

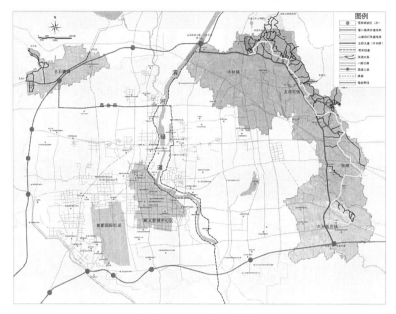

图7-17 规划区国家登山健身步道总体规划图

分别位于北石槽镇凤凰山,木林镇唐指山,龙湾屯镇焦庄户、安利隆,张镇莲花山,大孙各庄镇无梁阁(图7-17)。

7.5 启动区步道系统规划

7.5.1 启动区的选择

顺义区为便于集中资金,尽早创建国家登山健身步道品牌,确定木林镇、龙湾镇为国家登山健身步道建设的启动区。启动区的步道规划以木林镇、龙湾屯镇的浅山区为重点(图7-18,彩图21)。

7.5.2 步道规划技术流程

利用GPS、RS、GIS相结合的技术,分析评价顺义浅山区的高程、植被、坡度、坡向,并拟合三维地形,按照《国家登山健身步道标准(修改稿)》,并考虑规划建设成本,在经过步道剖面分析、沙盘比对的基础上,综合确定步道的线路、材质;结合市场需求确定步道功能;对拟定的步道设施点的服务半径进行优化分析,最终确定步道配套设施的选址方案(图7-19)。

7.5.3 条件评价

1. 生态为本:步道以经过植被优良的地段为佳

针对市民追求清洁空气和优良生态环境的需求,以木林镇、龙湾屯镇浅山区优良的生态环境本底为吸引点,选择植被丰富的地段作为登山健身步道的重要路段(图7-20,彩图22)。

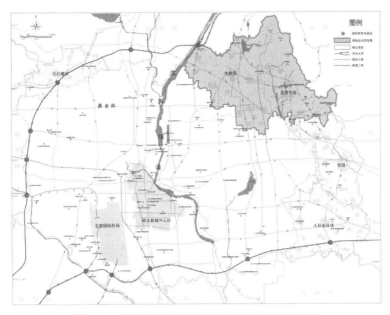

图7-18 五彩浅山国家登山健身步道的启动区位置图

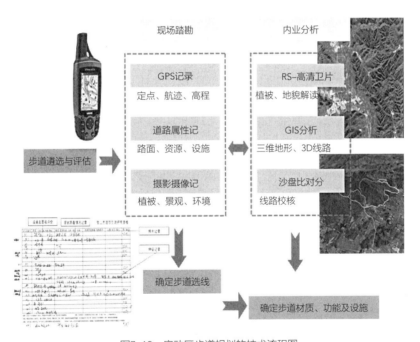

图7-19 启动区步道规划的技术流程图

2. 安全第一：避开冲沟、易发洪灾地段

为保障登山者的生命安全，步道线路设置应加强水文条件分析（图7-21），避开冲沟、洪灾易发地段。若难以避开此类地段，步道选择必须设在洪水位线以上，采取工程加固、排水、强化周边植被覆盖等措施。位于洪灾易发地段的步道辅线，应实施路基硬化加固，增设排水设施，设挡土墙，加强周边植被覆盖等措施。同时应加强步道运营管理，在灾害天气时段，发出步道危险预警，并采取封闭步道等管理措施。

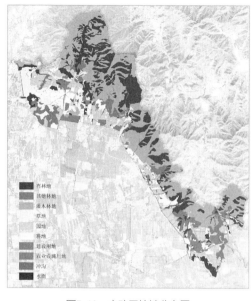
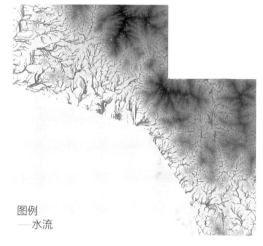

图7-20　启动区植被分布图　　　　图7-21　启动区水文条件分析图

3. 多样选择：构建不同难度的步道，体现人文关怀，适应多种人群登山健身需求

综合评价山体高程、坡度因素，根据不同人群的体力特点，为不同人群提供高、中、低难度的登山健身步道。

测算山体的坡度，将坡度10%～25%的路段作为登山健身步道的主要选线区段，也是中低难度步道选线的基本要求（图7-22，彩图23）。测算山体的高程，将海拔300m以下的路段作为中低难度步道的主要选线区段（图7-23，彩图24）。

4. 串联资源：带动富民增收

登山健身步道最大化地串联带动周边资源点、民俗村和旅游项目，既为登山者提供多种线路选择，又带动相关旅游资源与景点，拉动综合消费，促进当地居民致富增收（图7-24、图7-25）。

5. 三位一体：对外便捷、内部宜游

五彩浅山登山健身步道与五彩大道、山地自行车道有效衔接，实现步行、山地自行车、机动车无缝对接，构建"三位一体"国家登山健身步道系统。

6. 因地制宜：拟合三维地形、步道因山就势

通过GIS技术手段，基于地形图的高程数据生成数字高程模型，经与高清卫片相拟合，构建3D地形地貌图，并添加3D步道选线，在三维空间分析比对多个方案的步道选线、坡度、材质、难度等参数，确定最终的步道选线方案，形成3D步道规划图（图7-26，彩图25）。

7.5.4　步道系统结构

启动区规划构建"2条主线+10个环线"步道系统结构，串联木林镇、龙湾屯镇的旅游资源、项目及民俗村落，支撑国家登山健身步道系统。

第7章 顺义五彩浅山国家登山健身步道规划 71

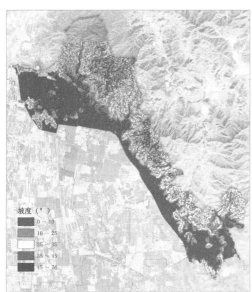

图7-22 启动区坡度分析图

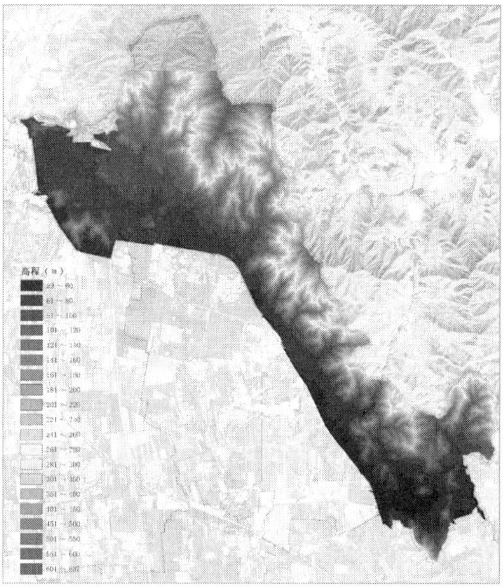

图7-23 启动区高程分析图

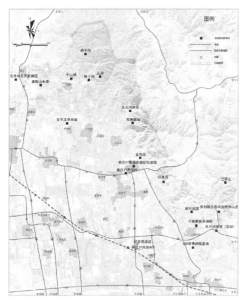

图7-24 启动区旅游资源与民俗村分布图

图7-25 启动区现状道路分布图

图7-26 启动区3D步道规划图

其中,"2条主线"即五彩浅山国际精品登山步道主线、五彩浅山滨水山地自行车道主线;"10个环线"即唐指山亲水步道、十二涧山野步道、峪子沟人文步道、鞑子沟探险步道、龙湾山居养生步道、北大沟科普步道、焦庄户红色步道、唐洞亲子步道、月明涧拓展步道和安利隆休闲步道(图4-2)。

7.5.5 步道系统布局

启动区规划步道总长140km,近期建设步道125km,预留15km步道以备区际对接、线路延伸。针对不同人群需求,分别构建0.5~1天、1~2天、2~3天的主题登山健身游程,总计提供7~15天登山健身游程(图7-27,彩图26)。

五彩浅山国际精品登山步道主线长40km,能举办国际市民体育联盟徒步大会(IVV)的A级(休闲级)、B级(挑战级)赛事。

五彩浅山滨水山地自行车道主线长25km,能举办国际自行车联盟(UCI)山地车比赛(越野赛)。

五彩浅山国家登山健身步道将成为国际登山联合会(UIAA)会员国专业队伍的竞赛和训练地、国际山地户外运动指导员资格培训基地,成为国家登山运动训练基地、中国登山户外运动技能资质大赛的举办地,成为民间登山运动组织及队伍训练和竞技场地、登山健身爱好者最专业练习和竞技场地、全民健身运动理想场地。

1. 按主辅支线划分

1)步道主线

步道主线即串联重要旅游资源景观、步道小环线、综合服务基地、服务驿站,是国家

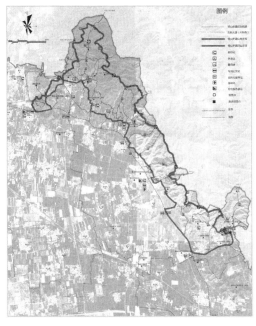

图7-27 启动区步道布局图

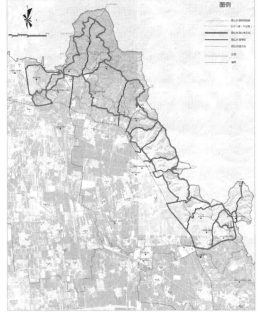

图7-28 启动区步道主辅支线布局图

登山健身步道系统的骨干线路、导览线路。步道主线长65km，占步道总长的46.4%。其中五彩浅山国际精品登山步道主线长40km，五彩浅山滨水山地自行车道主线长25km。

2）步道辅线

步道辅线对接五彩大道、步道主线、驿站，为游客提供便捷上下山、交通中转与电瓶车摆渡、安全救援服务，也是防火、防洪的安全通道。步道辅线长31km，占步道总长的22.2%。

3）步道支线

为最大化连接旅游资源，设置多样化步道支线，构成步道小环线。步道支线长44km，占步道总长的31.4%（图7-28，彩图27）。

2. 按步道难度划分

构建不同难度的步道，为不同年龄段和体能类型人群提供多样的步道选择。按难度类型将步道划分为以下三类。

1）高难度步道

坡度25%以上的步道，长27km，占步道总长的19.3%，设台阶。

2）中难度步道

坡度15%～25%、海拔300m以上的步道，长44km，占步道总长的31.2%，设砾石道或土石路。

3）低难度步道

坡度15%以下，海拔300m以下的步道，长69km，占步道总长的49.5%，设木栈道、石板道、土石路或经改造的水泥柏油路面（图7-29，彩图28）。

3. 按建设方式划分

步道建设应尽量利用现有道路，按建设方式将步道划分为以下三类（图7-30，彩图29）。

1）新建步道

新建步道79km，占步道总长的56%。新建步道尽量不占耕地、不砍林木。

2）改造步道

改造提升步道31km，占步道总长的22%。包括现有步道改造和水泥柏油路面改造。

3）步道完善

完善修整步道30km，占步道总长的22%。通过标识配套、路面简单整治，达到登山健身步道的要求。

4. 按步道材质划分

步道材质尽量就地取材，维持原生态环境景观。按材质类型将步道划分为以下七类：

（1）土石路，长52.0km，占步道总长的37.2%；

（2）水泥路提升改造，长39.4km，占步道总长的28.1%；

（3）台阶（石制、木制），长27.6km，占步道总长的19.7%；

（4）间隔石道，长9.2km，占步道总长的6.6%；

（5）砾石道，长6.2km，占步道总长的4.4%；

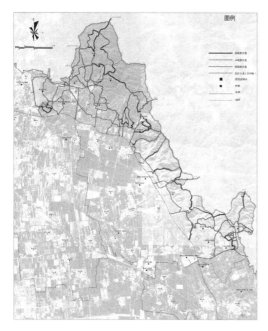

图7-29 启动区步道分难度布局图　　图7-30 启动区步道分建设方式布局图

（6）木栈道，长5.2km，占步道总长的3.7%；

（7）桥梁，长0.4km，占步道总长的0.3%。

7.5.6 典型步道线路

1. 五彩浅山国际精品登山步道主线

步道功能：举办国际登山赛事的精品线路，五彩浅山国家登山健身步道的骨干线路及步道主题环线的联络线路、导览线路。

线路特点：全长40km，最大高程521m，最小高程55m，平均坡度10%（图7-31）。

2. 五彩浅山滨水山地自行车道主线

步道功能：举办国际山地自行车比赛的精品线路，五彩浅山国家登山健身步道的低难度步道主线及步道主题环线的便捷联络线。适宜家庭及中老年登山健身、中青年山地自行车运动。

线路特点：全长25km，最大高程95m，最小高程53m，平均坡度3%，最大坡度13.8%（图7-32）。

3. 唐指山亲水步道

现状条件：以唐指山水库大片水体、山水辉映为特点，是五彩浅山的山水环境最佳融合区。

目标市场：适宜家庭朋友聚会、婚庆摄影、会议度假。

功能定位：串联湿地、薰衣草花园、国际会议度假基地，构建浪漫主题的亲水步道。

线路特点：全长20km，最大高程100m，最小高程67m，平均坡度6%（图7-33）（表7-3）。

图7-31 五彩浅山国际精品登山步道主线布局图

图7-32 五彩浅山滨水山地自行车道布局图

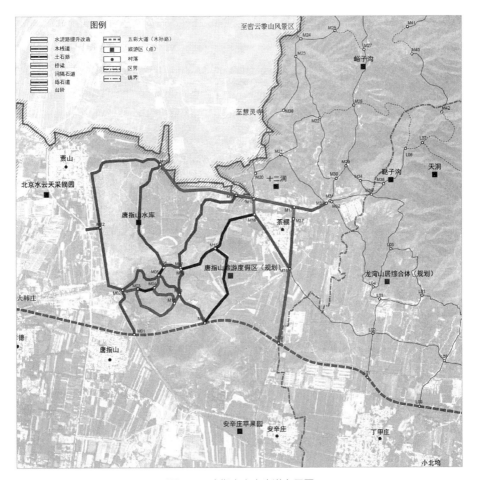

图7-33 唐指山亲水步道布局图

唐指山亲水步道材质构成　　　　表7-3

类型	比例（%）
木栈道	19.6
水泥路提升改造	35.7
土石路	15.3
桥梁	2.0
台阶	9.2
间隔石道	18.2
合计	100.0

4. 十二涧山野步道

现状特点：三面环山、静谧清幽，紧临国际高端山地度假基地。

目标市场：适宜单位高管、高级白领及亚健康人群登山健身与静修疗养。

功能定位：串联国际静修基地、微环境疗养中心，构建具有静修疗养功能的山野步道。

线路特点：全长5km，最大高程130m，最小高程66m，平均坡度4.2%，最大坡度33%（图7-34）（表7-4）。

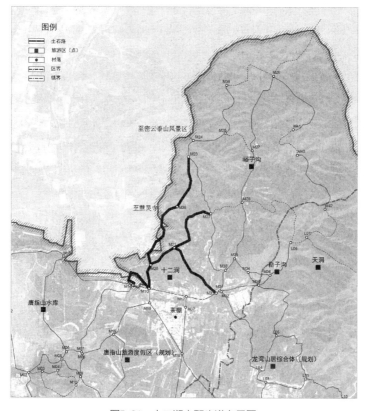

图7-34　十二涧山野步道布局图

十二涧山野步道材质构成　　　　　　　　　　　表7-4

类型	比例（%）
土石路	100.0
合计	100.0

5. 峪子沟人文步道

现状特点：植被茂盛，风景秀丽，唐文化景点较多。

目标市场：适宜文化体验爱好者及参禅悟道人群。

功能定位：串联唐文化资源、慧灵寺，构建彰显大唐风韵，具有佛教禅修功能的人文步道。

线路特点：全长10km，最大高程221m，最小高程103m，平均坡度8%，最大坡度24.5%（图7-35）（表7-5）。

图7-35　峪子沟人文步道布局图

峪子沟人文步道材质构成　　　　　　　　　　　表7-5

类型	比例（%）
水泥路提升改造	23.6
土石路	40.5
台阶	21.8
间隔石道	14.1
合计	100.0

6. 鞑子沟探险步道

现状特点：原生态环境景观，历史传说故事丰富。

目标市场：适宜勇于挑战的中青年人群、驴友。

功能定位：以坡度25%以上高难度步道为主，串联幽谷密林、传说故事，构建富有挑战冒险精神的探险步道。

线路特点：全长10km，最大高程347m，最小高程122m，平均坡度24%，最大坡度52%（图7-36）（表7-6）。

鞑子沟探险步道材质构成　　　　　　　　　　　　　　　　表7-6

类型	比例（%）
水泥路提升改造	0.2
土石路	41.1
台阶	49.3
砾石道	9.3
合计	100.0

7. 北大沟科普步道

现状特点：广袤林海、彩叶林带、森林基因库，登顶可远眺层峦叠嶂，现状步道初具规模。

目标市场：适宜青少年科普教育人群、中青年及中老年健身养生人群。

功能定位：串联彩叶林带、森林基因库，构建具有森林科普教育与林海养生功能的步道。

线路特点：全长20km，最大高程531m，最小高程71m，平均坡度20%，最大坡度52%（图7-37）（表7-7）。

北大沟科普步道材质构成　　　　　　　　　　　　　　　　表7-7

类型	比例（%）
木栈道	6.0
水泥路提升改造	36.0
土石路	33.1
台阶	20.0
间隔石道	4.9
合计	100.0

8. 龙湾山居养生步道

现状特点：位于龙湾国际山居综合体，有大片槐林、植被茂盛、山形舒缓。

目标市场：适宜亚健康人群、中老年人群。

功能定位：以槐林飘香、植被丰茂为特点，构建具有山地度假养生功能的步道。

第7章 顺义五彩浅山国家登山健身步道规划

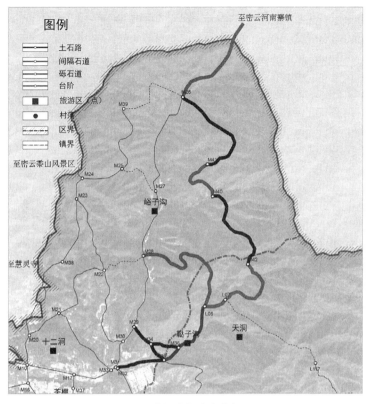

图7-36 鞑子沟探险步道布局图

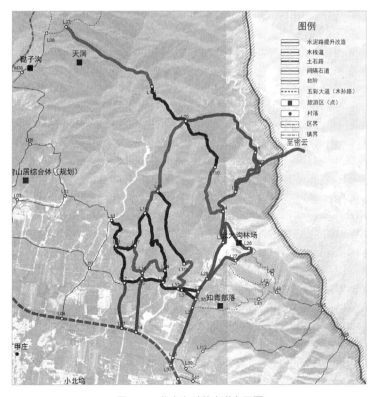

图7-37 北大沟科普步道布局图

线路特点：全长12km，最大高程239m，最小高程73m，平均坡度15%，最大坡度40%（图7-38）（表7-8）。

图7-38　龙湾山居养生步道布局图

龙湾山居养生步道材质构成　　　　　　　　　　　　　　　　　表7-8

类型	比例（%）
水泥路提升改造	20.5
土石路	59.3
间隔石道	20.2
合计	100.0

9. 焦庄户红色步道

现状特点：有焦庄户地道战遗址纪念馆、焦庄户民俗村、抗战林、知青部落等人文资源，作家浩然在此参照人物原型写就《艳阳天》《金光大道》两部小说。

目标市场：适宜红色教育人群、有红色年代记忆的人群。

功能定位：串联红色文化资源和原型人物故事发生地，构建以红色文化教育和缅怀红色年代为功能的步道。

线路特点:全长20km,最大高程462m,最小高程52m,平均坡度20%,最大坡度48%(图7-39)(表7-9)。

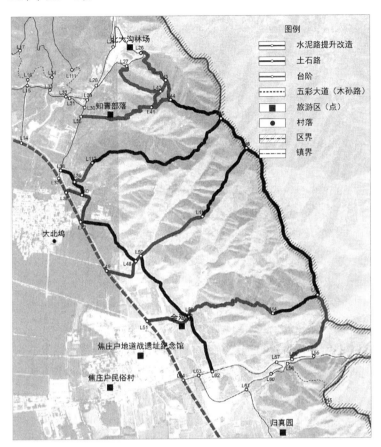

图7-39 焦庄户红色步道布局图

焦庄户红色步道材质构成　　　　　　表7-9

类型	比例(%)
水泥路提升改造	9.5
土石路	53.2
台阶	37.3
合计	100.0

10. 唐洞亲子步道

现状特点:地势平缓,步道难度低,有唐洞、归真园等景点,临近焦庄户综合服务基地。

目标市场:适宜家庭聚会、亲子游乐。

功能定位:以低难度步道、四季花海景观为特点,构建适宜家庭亲子活动的步道。

线路特点:全长12km,最大高程98m,最小高程59m,平均坡度9.8%,最大坡度38%(图7-40)(表7-10)。

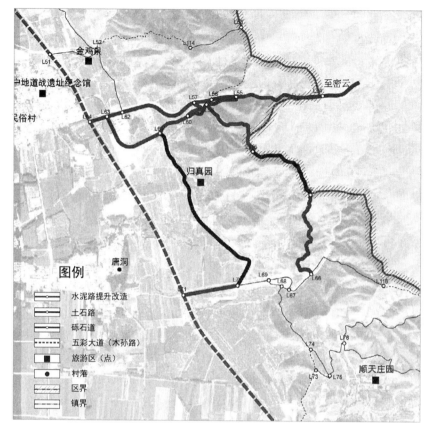

图7-40 唐洞亲子步道布局图

唐洞亲子步道材质构成表　　　　　　　　　　　　　　　表7-10

类型	比例（%）
水泥路提升改造	32.3
土石路	27.4
台阶	18.8
砾石道	21.4
合计	100.0

11. 月明涧拓展步道

现状特点：山幽林茂，环境静谧，有世界导弹博物馆、民兵训练营等。

目标市场：适宜青少年野外训练、学生军训、单位拓展培训。

功能定位：串联民兵训练营、世界导弹博物馆、野外训练和拓展基地，构建以拓展训练为功能的步道。

线路特点：全长11km，最大高程279m，最小高程57m，平均坡度14.5%，最大坡度40.7%（图7-41）（表7-11）。

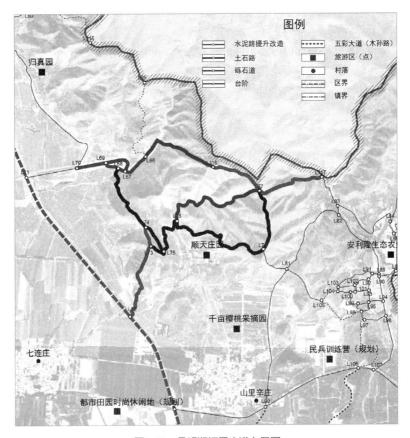

图7-41 月明涧拓展步道布局图

月明涧拓展步道材质构成　　　　　　　　　表7-11

类型	比例（%）
水泥路提升改造	12.6
土石路	39.5
台阶	25.4
砾石道	22.5
合计	100.0

12. 安利隆休闲步道

现状特点：安利隆生态庄园、千亩樱桃采摘园、SOD苹果种植基地和田园景观。

目标市场：适宜家庭或单位组织的休闲农业、庄园度假活动。

功能定位：串联休闲庄园、观光农园，构建田园与山野景观相融合的休闲健身步道。

线路特点：全长20km，最大高程220m，最小高程80m，平均坡度16.3%，最大坡度39%（图7-42）（表7-12）。

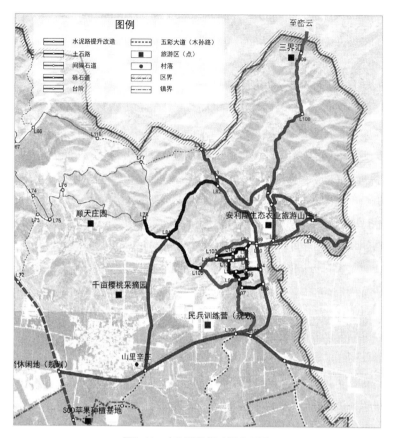

图7-42 安利隆休闲步道布局图

安利隆休闲步道材质构成表　　　　　　　　　　　　　　　　表7-12

类型	比例（%）
水泥路提升改造	62.6
土石路	18.1
台阶	13.3
间隔石道	2.6
砾石道	3.4
合计	100.0

7.5.7 步道服务设施布局

1. 服务设施等级与类型

按照《国家登山健身步道标准》的要求，步道配套设施包括接待站、露营地、休息站、报警点和标识系统。

参照海外步道设施经验，针对登山者的实际需求，创新提出将国家登山健身步道的服务设施体系分为3个等级共10种类型：①一级服务设施，即综合服务基地，共1种类型；②

二级服务设施，即服务驿站，共1种类型；③三级服务设施，即服务站点，细分为休息站、露营地、接待站、救援站、报警点、专用公交站、自行车服务站、标识系统等8种类型。

2. 服务设施功能与布局

本次规划创新提出步道服务设施体系按照综合服务基地、服务驿站、服务节点三个等级进行布局的原则，实现步道服务设施对步道线路的全覆盖。

综合服务基地。提供游客咨询中心、停车场、展览展示、公共电话、摆渡车停靠站、自行车服务站、户外装备专卖店、旅游商店、厕所、餐饮乃至住宿等综合服务。一般依托山区的乡镇驻地、民俗村和大型景区建设。

服务驿站。提供信息咨询、停车场、公共电话、摆渡车停靠站、自行车服务站、旅游商店、厕所及餐饮等服务。一般依托山区的民俗村、景区建设。

休息站。为游客提供休息、简单补给服务，设置在观景点附近或长距离地形变化较大处，如长坡的起点、终点等。

露营地。设有取水区、用火区、就餐区、娱乐区、卫生区及厕所等，设置在山体结构稳定，无塌方与洪水危险，干燥平整，靠近水源的安全地区。

接待站。提供住宿、补给、垃圾处理、简单医疗等服务，可依靠农家院落等固有建筑物设置。

救援站。提供应急救援、医疗救助服务，配备救援、医疗设备与救援、医护人员。

报警点。包括普通报警点或太阳能定位报警点（救援灯杆），提供定位、报警服务。

专用公交站。整合已有城乡公交线路，将临近的火车站、汽车客运站、地铁站与综合服务基地、服务驿站相连接，优化公交站点并设置专用公交站，更好地为登山健身者服务。

自行车服务站。提供自行车停放、租赁、保管、维修及养护服务。

标识系统。在步道沿线设置步道徽标（LOGO）、空间指引类标识、对象指示类标识和科普解说类标识，具有指引、解说、警示等功能。

3. 步道服务设施体系布局

依托五彩浅山国家登山健身步道，科学布局步道服务设施体系，具体布局如下（图7-43，彩图30）：①综合服务基地3个；②服务驿站3个；③休息站28个；④露营地6个；⑤接待站8个；⑥救助站4个；⑦报警点6个；⑧专用公交站6个；⑨自行车服务站9个。

厕所、垃圾收集设施应结合综合服务基地、服务驿站、接待站及休息站设置，垃圾处理、水、电、气等市政设施，由木林镇、龙湾屯镇进一步编制专项方案，与已有相关设施整合运行。

4. 救援系统专项布局

为构筑保障登山者安全的生命线，制定安全救援系统专项布局方案。构建安全保障体系，包括报警点、救援站、救援通道、避难场所等，提供应急医疗救援服务，确保登山者的生命安全（图7-44，彩图31）。

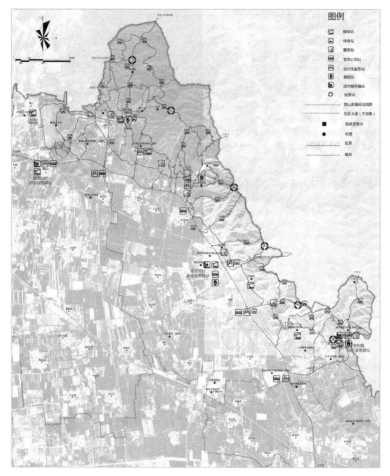

图7-43 启动区步道服务设施体系布局图

报警点，设置于山体制高点及高难度攀爬路段，共设6处。

救援站，结合现状接待服务设施设置，尽量靠近步道入山路段，共设4处。

救援通道，保证应急情况救援车辆的通行，与对外道路交通对接。

救援通道尽端，距高难度登山路段最远距离不超过2km，距缓坡路段最远距离不超过3km。

避难场所，结合休息站设置若干。

防火、防灾等其他专项规划需进一步编制专项方案，并与木林镇、龙湾屯镇已有相关设施整合运行。

5. 标识系统专项布局

根据《国家登山健身步道标准》要求，步道标识包括建筑类标识、地形类标识、警示类标识、指示类标识等，在步道设计及施工环节在相应地段设置。

根据登山健身者的实际需要，为提供良好的空间导引服务，制定标识系统专项布局方案。构建适应不同通行方式及其相互转换要求的分级标识系统，对登山步道、自行车道及区域道路集散换乘节点实现全覆盖，设置公路与步道转换点标识、步道入口综合标识、步道转折点、交叉点标识及途中点标识（图7-45）（图7-46，彩图32）。

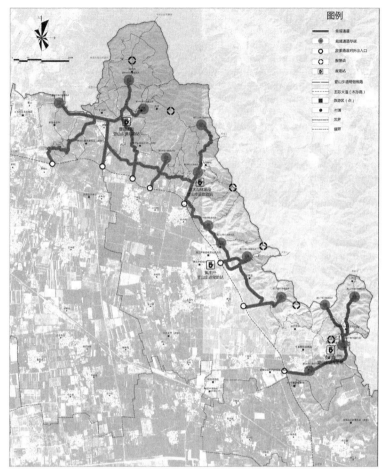

图7-44 启动区步道救援设施布局图

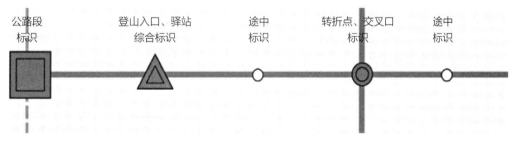

图7-45 启动区步道标识系统布局模式示意图

（1）公路路段标识。设置在步道与公路交叉转换处，结合道路指示牌设置，标明步道路段名称及方向。

（2）综合标识点。结合步道服务设施设置，标明步道导览图及必要的指示、警示、地形标识等内容。

（3）转折点、交叉口标识。设置在步道与一般道路、步道相互交叉及转折点位置，标明步道相邻点名称、方向距离及必要的警示、地形标识内容。

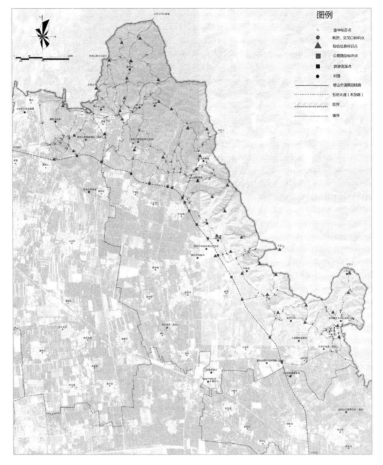

图7-46 启动区步道标识系统布局图

（4）途中标识。设置在步道易迷路路段，起到串联和衔接标识系统的作用，标明当前地点的名称和相邻地点的名称、方向及距离。

7.5.8 近期步道建设

顺义区人民政府决定在2013～2014年以木林镇、龙湾屯镇作为步道建设的启动区，推进五彩浅山登山健身步道及配套设施建设。以启动区登山健身步道为示范工程，构建较为完善的登山健身步道系统，申请获得国家登山健身步道授牌。

2013年上半年，编制完成五彩浅山国家登山健身步道的总体规划方案与启动区步道系统规划方案，作为下位步道设计方案及施工图的编制依据，在启动区（木林镇、龙湾屯镇）一期建设国家登山健身步道125km，起点为龙湾屯安利隆，终点为木林唐指山，构建1条主线和10条环线，其中，1条步道主线即五彩浅山滨水登山步道主线，10环线即唐指山亲水步道、十二涧山野步道、峪子沟人文步道、鞑子沟探险步道、龙湾山居养生步道、北大沟科普步道、焦庄户红色步道、唐洞亲子步道、月明涧拓展步道、安利隆休闲步道，并配套必要的步道服务设施，达到举办登山比赛的运营条件。

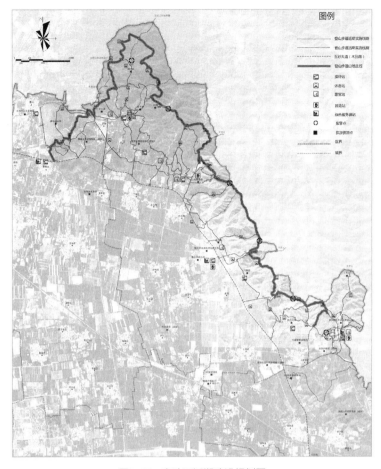

图7-47 启动区近期建设规划图

2014年，继续配套木林镇、龙湾屯镇的综合服务基地、服务驿站、休息站、露营地、救援站等步道设施，形成较为完善的国家登山健身步道系统（图7-47，彩图33）。

7.6 建设标准与引导

7.6.1 指导通则

为实现步道建设对生态冲击的最小化，基于生态工法理念，结合顺义浅山区实际，创新提出步道建设标准指引、步道设施建设标准指引、步道景观风貌指引，指导步道设计与施工，提出"1张图，1张表，3个建设标准指引"的规划设计工作模式。

1张图，即1张步道规划总图，包括步道线路、分段材质、配套设施等内容；

1张表，即1张步道规划总表，包括步道节点编号和每段步道的长度、宽度、材质、配套设施的类型及数量等内容；

3个建设标准指引，包括步道建设标准指引、步道设施建设标准指引、步道景观风貌指引，用于指导步道设计及施工。

7.6.2 步道建设标准指引

按照《国家登山健身步道标准（修改稿）》要求并结合顺义浅山区实际，步道建设标准由指定项和辅助项构成，其中指定项包括步道长度、主路面和缓冲带宽度、步道材质类型，辅助项包括步道纵坡、步道横坡、排水等选项（图7-48）。具体参数要求参照国内外成熟经验制定。

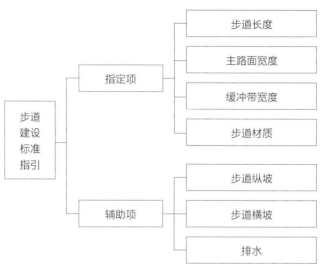

图7-48　步道建设标准指引构成图

1. 步道长度

步道长度根据步道线路的规划设计方案和实地勘测结果确定。

2. 步道宽度

根据《国家登山健身步道标准》，登山步道由主路面与两侧的缓冲带构成，主步道路面宽度应大于等于60cm，小于等于150cm；两侧缓冲带每侧宽度不小于20cm。

考虑到北方地区的特点和冬季利用、安全、防火、救援等因素，顺义五彩浅山国家登山健身步道的主路面宽度不低于150cm，能同时满足登山者上下山的双向通行要求，步道的主路面和缓冲路面的宽度主要取决于坡度和高程。

按照《UCI自行车山地赛规则》要求，山地自行车比赛线路应尽可能包括：森林公路、原野、土或砾石小道。经铺设的路面或柏油道路，不能超过比赛路线总长的15%。自起点线后至少100m的路面宽度不得小于6m，之后可以变窄。自终点线前50m路面宽度至少4m（表7-13）。

五彩浅山国家登山健身步道的宽度指引一览表　　表7-13

步道类型	坡度	高程	主路面宽度	缓冲路面宽度	备注
高难度步道	25%以上	0~600m	150~200cm	每侧30~50cm	设木质、石质台阶，台阶单侧或双侧应配置护栏、扶手等防护装置。
中难度步道	25%以下	300~600m	200~250cm	每侧40~70cm	

续表

步道类型	坡度	高程	主路面宽度	缓冲路面宽度	备注
低难度步道	25%以下	300m下	250～350cm	每侧50～80cm	
山地自行车道			>350cm	每侧50～80cm	自起点线后至少100m的路面宽度不得小于6m，之后可以变窄。自终点线前50m路面宽度至少4m。

3. 步道断面设计指引

根据步道所在山体的不同位置（如山脊、山腰、山谷、山脚），步道断面设计应因地制宜，兼顾安全、舒适、景观需要（图7-49～图7-52）。位于山脚的步道断面设计可与山地自行车道相结合。

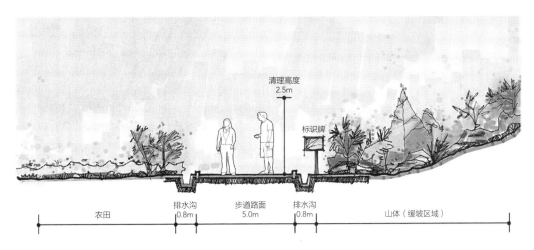

图7-49 山脚位置的步道断面示意图

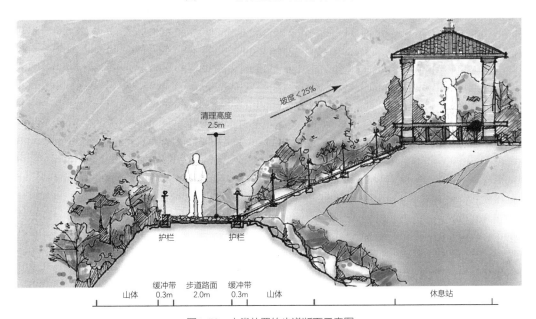

图7-50 山脊位置的步道断面示意图

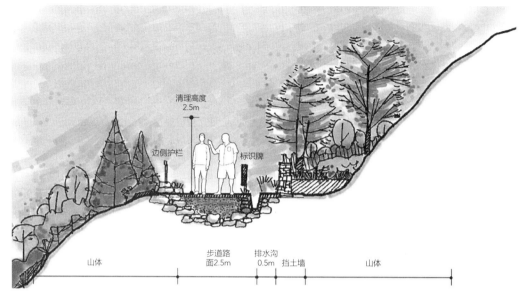

图7-51 山腰位置的步道断面示意图

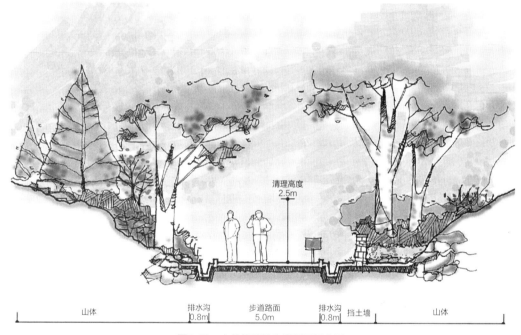

图7-52 山谷位置的步道断面示意图

4. 步道材质分类指引

1）土石路（图7-53、图7-54）

断面：主步道宽150~250cm，两侧缓冲带每侧宽30~50cm，缓冲带表面应有植被覆盖。

材质：原有道路简单修整而成，要求路面上行走时无大尘土，路面无大块砾石、碎石，路面不积水。

坡度：单位距离（500m）内平均坡度不应为0，以15%为宜，但坡度超过25%的路段应设立台阶。

2）木栈道（图7-55、图7-56）

断面：主步道一般宽为150~250cm，两侧缓冲带每侧宽30~50cm，缓冲带表面应有植被覆盖。

材质：使用经防腐处理的材料修建，使用年限一般在5~7年。

坡度：单位距离（500m）内平均坡度不应为0，以15%为宜，但坡度超过25%的路段应设立台阶。

3）桥梁（图7-57、图7-58）

桥梁形式：登山步道系统中桥梁特指步行桥梁（不满足机动车通行要求），桥梁一般设置在滨水区域跨越沟渠路段（水深超过1m），以及山地步道跨越沟峪路段。桥梁形式可采取木栈桥、木质吊桥、简易水泥石桥。

宽度及断面：木栈桥、吊桥宽度可结合木栈道宽度设置，一般宽为150~250cm，水泥制石桥宽度300~600cm，桥梁两侧应设置高度不低于80cm的护栏，桥梁入口处应设置相关提示标识。

桥梁坡度：吊桥无横坡要求，木栈桥坡度设置参见木栈道坡度设置，水泥制石桥应向两侧设置2%的横坡以保证路面排水。

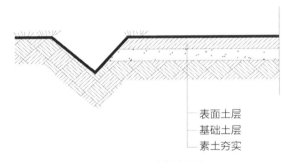

图7-53　土石路做法引导

图7-54　土石路景观建设示意

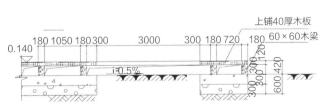

图7-55　木栈道做法引导

图7-56　木栈道景观建设示意

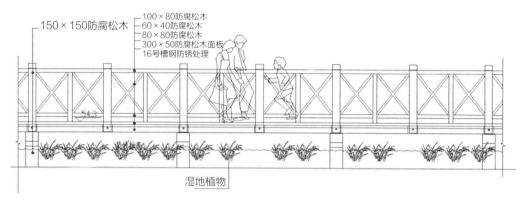

图7-57 栈桥做法引导

图7-58 栈桥景观建设示意

4）砾石道（图7-59、图7-60）

断面：主步道宽150～250cm，两侧缓冲带每侧宽30～50cm，缓冲带表面应有植被覆盖。

材质：由砾石呈轨道状铺设，厚度一般不超过15cm，路心部分主要用直径范围在6～10cm的砾石铺建，两侧用直径范围在6cm以下的砾石铺建，以便于排水。

坡度：单位距离（500m）内平均坡度不应为0，以15%为宜，但坡度超过25%的路段应设立台阶。

5）间隔石道（图7-61、图7-62）

断面：主步道宽150～250cm，两侧缓冲带每侧宽30～50cm，缓冲带表面应有植被覆盖。

材质：采用长50cm以上的条状石板或石块呈间隔状分布铺设。

坡度：单位距离（500m）内平均坡度不应为0，以15%为宜，但坡度超过25%的路段应设立台阶。

6）台阶（图7-63、图7-64）

步道坡度25%以上的须设置台阶，台阶材质应结合其所在路段材质合理设置。

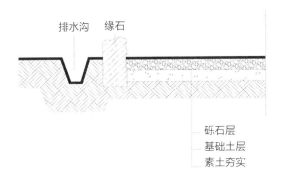

图7-59　砾石道做法引导

图7-60　砾石道景观建设示意

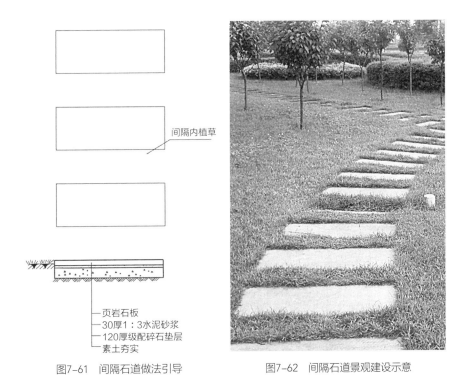

图7-61　间隔石道做法引导

图7-62　间隔石道景观建设示意

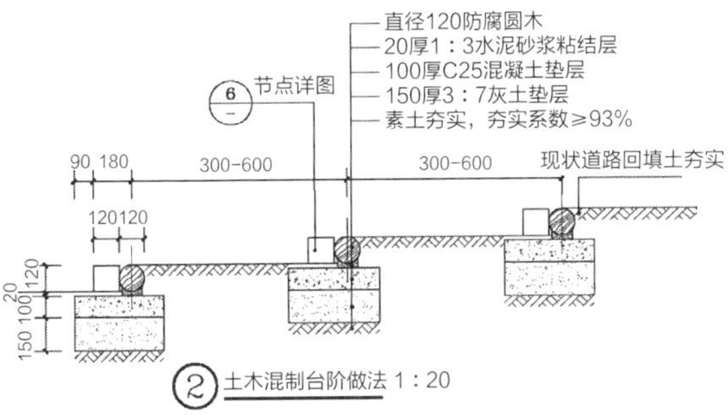

图7-63　台阶做法引导

图7-64　台阶景观建设示意

台阶路段宽度不低于150cm。沿山脊布设台阶，须在其两侧设置高度不低于80cm的护栏；沿山腰、平行于等高线布设台阶，须在其外侧单侧设置高度不低于80cm的护栏，内侧山体坡度超过25%的路段，需要设置挡土墙。

台阶设计应考虑老幼人群的使用，每级台阶面设计宽度不低于15cm，台阶步高15~30cm。部分山体坡度超过50%的路段，应设置S形或Z形台阶线路，以保证台阶爬坡坡度25%左右。应保证每15~25级台阶设置一处休息平台，休息平台进深不低于120cm。

5. 现状水泥路提升改造

登山步道规划建设过程中，应当妥善处理与现有道路及对外交通线路的关系，对于现状路面尚有步道改造价值的路段，以及路由符合登山步道、山地自行车及救援通道要求的现状低等级机动车道，规划提出以下具有针对性的提升改造技术方案：

改造方式一：针对沟谷地区现状水泥道路的改造方式。结合原有道路路由及路基，在单边边侧增设步道，为应对山区沟谷地带多发山洪及泥石流等自然灾害，步道断面须设置排水边沟及挡土墙，步道路基材质宜采用混凝土加固，新增道路路面材质宜采用石板、石块、条石，不宜采用砾石及木栈道（图7-65）。

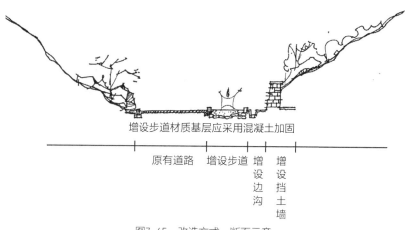

图7-65 改造方式一断面示意

改造方式二：针对市政道路路段的改造方式。结合原有道路及路基，在道路单边或两侧增设步道，为降低机动车交通对于登山者造成的干扰，步道与机动车道间须设置宽度不低于2m的绿化分隔带。规划非山地地段步道须满足不同通行方式需求，步道宽度及道路材质应满足自行车通行要求。新增道路路面材质宜采用石板、石块、条石或土石，不宜采用砾石。

改造方式三：针对机动车通行量较小的景区道路改造方式。适当拓宽原有道路路幅，考虑在原有道路单边或两侧增设步道或自行车道，原有道路与新增步道宜通过不同的道路材质进行区分。同时拓宽道路工程应尽量避免对区域植被等自然环境要素的消极影响（图7-66）。

改造方式四：针对穿越景区的机动车道及低等级机动车道路的改造方式。为避免机动车穿越交通对步行环境的影响，应在原有道路不同标高位置增设步道，步道边侧应结合实际情况，设置护栏、挡土墙等设施。新增道路路面材质宜采用砾石、石板，不宜采用土石路面、木栈道（图7-67）。

6. 步道纵坡设计指引

1）步道纵坡的类型

步道必须有一定坡度，一般宜为 0 ~ 7%。如果坡度超过 7% ~ 12%，降水冲刷就会发生。如果坡度超过 20%，则难以行走。

S形步道（爬坡转弯），适用于步道坡度15% ~ 20%的路段，其好处是利用较大的半径（4 ~ 6m），施工较易。因其填挖的需求不多，一般比建造Z形步道低。

Z形步道，适用于步道坡度20% ~ 25%的路段。为避免登山者抄捷径，可利用大石头、倒树、植栽挡住捷径处。

台阶，适用于步道坡度大于25%的路段。分石制、木制、土木、石木混制等形式。

2）步道纵坡设计原则

平均10%原则：每一上坡、下坡步道段都要计算坡度，平均以不超过10%为原则。

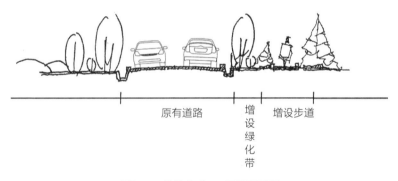

图7-66　改造方式二、三断面示意

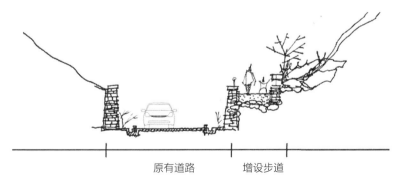

图7-67　改造方式四断面示意

一半规则：以当地坡度的一半为步道设计的理想坡度（图7-68）。

最大永续坡度：最大永续坡度的影响因素，包括土质、年平均雨量、石头的多寡以及使用量。如果地面是坚固或多石头地区，可规划较陡的步道纵坡，如果地面是挖土则设计坡度应缓和。

反坡：反坡不但可增加步道的变化，同时可预防步道面积水或水顺步道往下流而产生冲刷，最好每6~10m设一反坡。

7. 步道横坡设计指引

1）步道横坡的原则要求

步道建设应考虑横向排水坡度，踏面外斜可使上边坡整片的水横过步道面排出步道以外。步道设计时应着重考虑让降水尽早排出步道外，一定程度的横向坡度，能使水在跨过步道后沿山坡向下流。步道的坡度若内倾集水是不好的，若坡度太大会使人行走不舒服。

步道的横坡处理，以全挖方步道比较稳定，后期维护会较少，若采取部分挖方、部分填方的施工，切忌填方松软。

2）步道横坡的适宜范围

步道基床要向外倾斜2-8%，理想坡度是5%（图7-69）。

图7-68 步道纵坡：坡度一半为佳

图7-69 步道横坡：5%为佳

8. 步道排水沟

步道维护面临的最大问题是降水，步道排水设计以如何让水尽早排出步道外为原则。步道选线应避免险峻及急剧升高的地形，选择排水较佳及较能稳住阶梯的平地（图7-70）。步道排水有以下处理方式。

配合自然排水系统：步道设计需与排水管道交错，水流才会与步道交错流过，而不是留在步道面上。

强化自然排水系统：步道及桥梁设计结构应以最小施工需求为规划目标。

7.6.3 步道设施建设标准引导

1. 接待站

可依靠农家院落等固有建筑物进行设置。为登山步道使用者提供住宿、补给、垃圾处理、信息咨询、简单医疗等服务。接待站应做到标识统一。

图7-70 排水涵洞

2. 露营地

露营地宜选择靠近水源地的安全、干燥平整的地区。露营地之间相距不应超过8小时路程，在山体结构稳定、地面平整、无塌方洪水危险地区设置。露营地规模应满足额定数目内的人员搭设帐篷，应设有用火区、取水区、就餐区、娱乐区、卫生区等。

应设有厕所，使用人数较多的露营地应设立生态厕所。建设生态厕所所用材料应以木、竹、石等天然材料为主，外观应与周围环境协调融合。

用火区应设置于宿营区的下风向大于20m^2的开阔地上，用火区及其附近不可有落叶、杂草、灌木等易燃物，不可靠近树木。

用水、取水一般都在水源点，清洗用水与食用水应分开，如是流水，食用水取水点应在上游处，清洗及生活用水点在下游处。如是湖水同样要分开两种用水处，两种用水处应相隔10m以上。

3. 休息站设计指引

1）类型一：结合山脚缓坡区域设置的休息站

休息站地基基础采用天然毛石材料，休息亭梁柱及屋顶框架采用木材，顶面铺瓦；休息站前的步行道及周边铺地设置可结合休息站建筑风格，铺面材质宜用天然石材，并适当设置绿化植被，形成环境较好室外的休憩场所（图7-71、图7-72）。

2）类型二：结合山地区域设置的休息站

休息站地基基础采用天然毛石材料，休息亭梁柱及屋顶框架采用木材，顶面铺瓦；休息站建设应适应地点地形要求，合理设置挡土墙及入站步道踏步（图7-73、图7-74）。

4. 报警点

1）普通报警点

依靠自然环境设立报警标识。采用石质立柱，木质立柱，大岩石，粗大的树木等作为载体，在其高处设立易于发现的反光标识，具体救援指导信息应刻于或镶嵌于距地面1.5m位置处。

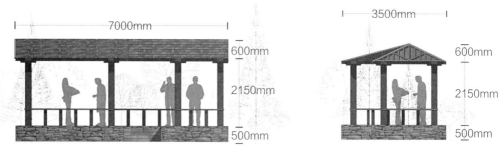

图7-71 结合缓坡区域设置的休息站

图7-72 缓坡区休息站效果图

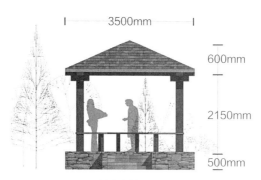

图7-73 结合山地设置的休息站

图7-74 山区区域休息站效果

2）太阳能定位报警点（太阳能定位救援杆）

野外应急救援辅助定位系统器具，高6~8m。灯杆的底座为太阳能蓄电池。底座的上方为手机充电接头。充电接头往上的位置将设立一个标识牌，标识牌上面会注明灯杆的编号。灯杆的最顶端为警示灯，在夜间频闪发光（图7-75）。

5. 标识系统设计指引

标识系统包括步道LOGO、空间指引标识和对象指示标识。其中，空间指引标识包括公路路段标识、综合信息点标识、途中点标识、交叉口标识等。对象指示标识包括建筑类标识、地形类标识、警示类标识、路况类标识。标识的材质、尺寸、色彩等应做到醒目并与周边环境协调融洽。

1）五彩浅山国家登山健身步道LOGO设计

采用国家登山健身步道统一规范标准标识，在标识右下角标注"顺义五彩浅山"字样（图7-76）。此标识LOGO应当运用于登山步道整体配套服务设施体系及标识指示系统之中。

2）空间指引标识设计

（1）公路路段标识牌。

标识内容：包括国家登山健身步道LOGO及步道入口方向箭头（图7-77）。

适用位置：设置在步道与公路交叉转换处。悬挂高度不同于一般步道标识牌设置高度，主要针对机动车交通或机动车与徒步换乘点枢纽设置，设计公路路段标识牌应结合市政公路指示牌绑定设置，设置高度不应低于4m，且位于公路指示牌下方。

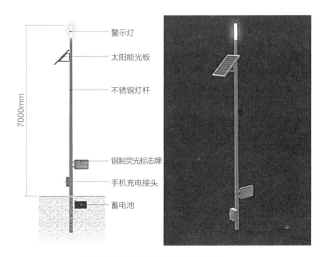

图7-75 太阳能定位报警灯杆

图7-76 顺义步道LOGO设计

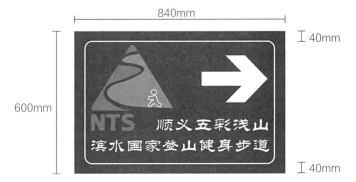

图7-77 步道综合信息标识牌内容及尺寸

尺寸规格：840mm×600mm×40mm。

标识材质：标识牌材质采用铝合金板或钢板；标识面板背景色油漆双面涂装，字体采用反光涂料或覆膜反光材料。

（2）综合信息标识牌。

标识内容：包括国家登山健身步道LOGO，地点编号、地名、临近点信息、服务设施信息、提示符、景点名称及简介（图7-78）。

适用位置：结合综合服务基地、服务驿站、步道入口等设置。

尺寸规格：2500mm×2070mm×220mm，须有较大的信息载纳能力（图7-79）。

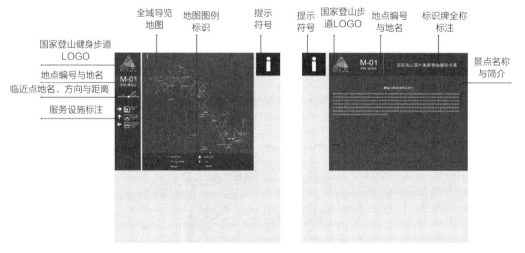

图7-78　步道综合信息标识牌正反面内容

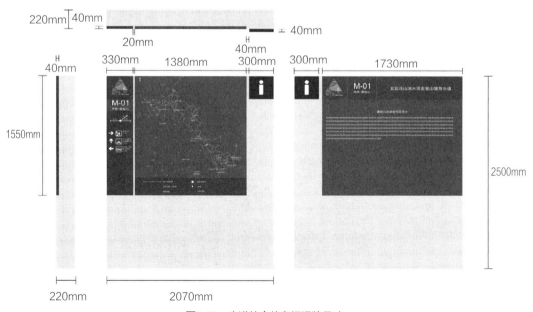

图7-79　步道综合信息标识牌尺寸

标识材质：整体板材推荐使用石材或地方砖材料，体现不同区段特色及生态要求（图7-80）。在林地，采用当地石材。在村落，采用青砖、青石、再生砖。在田间，采用清水混凝土，再生水泥。在滨河地带，采用回收枕木、船木。

图7-80　步道综合信息标识牌材质示意

（3）转折点、交叉口标识牌。

标识内容：国家登山健身步道LOGO，地点编号、地名、临近点信息、服务设施信息、提示符（图7-81）。

适用位置：结合步道与一般道路、步道与步道相互交叉及转折点位置设置。

尺寸规格：2500mm×880mm×220mm。

标识材质：整体板材推荐使用石材或地方砖材料，体现不同区段特色及生态要求。在林地，采用当地石材。在村落，采用青砖、青石、再生砖。在田间，采用清水混凝土，再生水泥。在滨河地带，采用回收枕木、船木。

（4）驿站、民俗村、休息站标识牌。

标识内容：地点编号、地名、服务设施信息、提示符（图7-82）。

适用位置：设置于步道驿站、民俗村、休息站的临近位置，向登山者做出提示。

尺寸规格：1450mm×250mm×220mm。

标识材质：整体板材推荐使用石材或地方砖材料，体现不同区段特色及步道要求。在林地，采用当地石材。在村落，采用青砖、青石、再生砖。在田间，采用清水混凝土，再生水泥。在滨河地带，采用回收枕木、船木。

（5）步道途中标识柱。

标识内容：地点编号、地名以及相邻地点的名称、距离（图7-83）。

适用位置：设置在各步道路段易迷路位置，起到串联和衔接标识系统的作用。

尺寸规格：采用直径80mm，净高500mm金属主体。

标识材质：圆形顶面采用不锈钢材质，柱身采用铝合金表面漆装。

（6）步道地面标识。

适用位置：设置于步道入口处或转折处硬质路面，指示前进方向（图7-84）。

尺寸规格：300mm×600mm。

104 下篇 步道规划实例

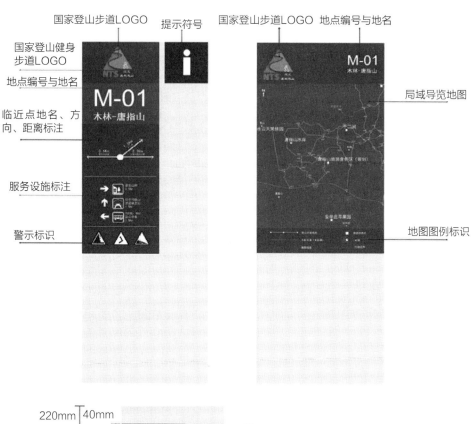

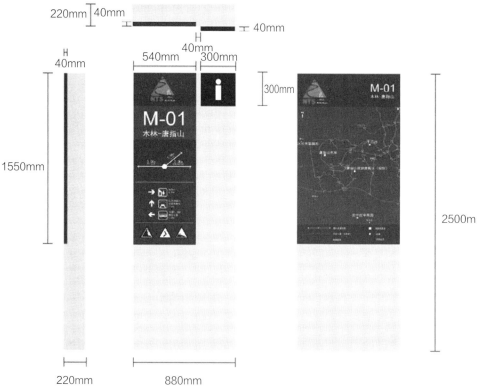

图7-81 转折点、交叉口标识牌内容及尺寸

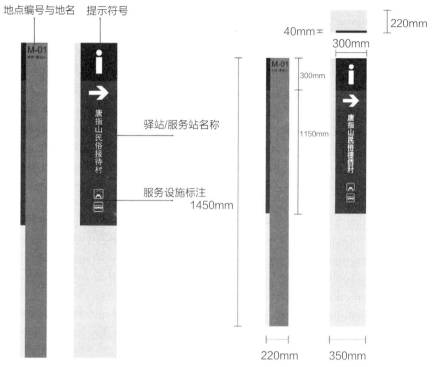

图7-82 驿站、民俗村、休息站标识内容及尺寸

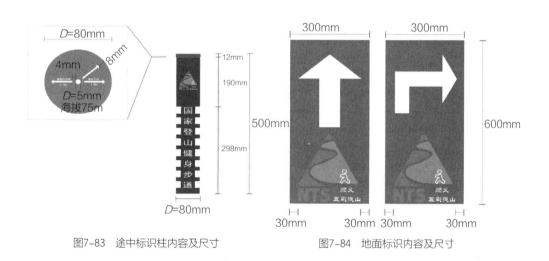

图7-83 途中标识柱内容及尺寸　　　　图7-84 地面标识内容及尺寸

标识材质：硬质路面（石板）表面漆装喷涂。

3）对象指示标识

（1）建筑类标识（图7-85）。

（2）地形类标识（图7-86）

（3）警示类标识（图7-87）。

（4）路况类标识（图7-88）。

图7-85　建筑类标识

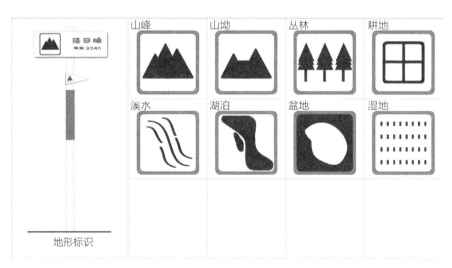

图7-86　地形类标识

图7-87　警示类标识

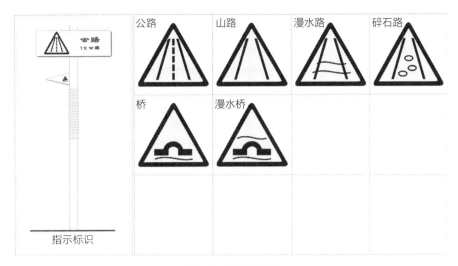

图7-88 路况类标识

7.6.4 步道景观风貌指引

1. 步道景观规划原则

通过建筑、景观小品等丰富空间效果，结合服务区设置景观休闲节点，并形成景观序列。

时序性空间的营造：根据季相性进行植物配置，造就四季演替的时序性景观空间。

分区景观空间的界定：根据不同地段水文、自然地理条件的差异，加以特殊植被的营造，分别展示出具有特色的景观空间。

空间意境的渲染：借助植物抒发情怀，寓情于景，情景交融，从欣赏植物的形态美升华到解读空间的意境美。如花海一望无垠，体现对美好生活的向往等。

2. 景观布局与结构

根据步道两侧不同景观进行分段控制与设计，共将其分为四段（图7-89，彩图34）。

（1）沁水逐韵：以唐指山水库为核心，凸显山水相依的步道景观系统。

（2）沐林探幽：以峪子沟、鞑子沟、北大沟三大沟涧为载体，营造沟涧、浓荫为核心的登山步道景观系统。

（3）山野绘锦：以金鸡泉、唐洞为核心，营造河、田、山交织的贯穿南北的登山步道大地景观系统。

（4）田涧寻趣：以安利隆时尚休闲地、月明涧为载体，突出果林、山涧、浓林为特色的景观系统。

3. 分段规划与设计

1）"沁水逐韵"段

整体引导：以现状唐指山水库为核心，追求山水相依、亲山近水、广袤花海、湿地景观的景观意境。本地段以外向型空间体验为主，给人以开阔、舒畅之感（图7-90）。

步道范围：唐指山亲水步道、十二涧山野步道。

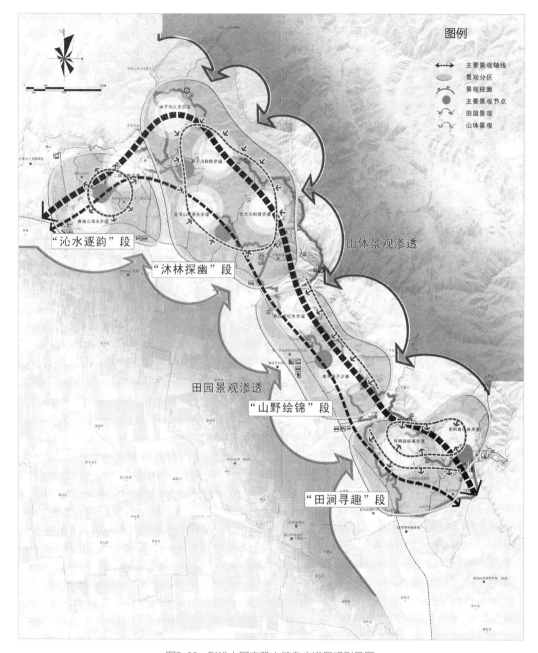

图7-89 彩浅山国家登山健身步道景观引导图

绿化规划：水生—地被—灌木—小型片状乔木的自然式配植，通过空间的进深、立面层次、体量、色彩等方面来感受植物的空间。

第一层（近）：水生植被（结合湿地景观，种植荷花、水生鸢尾、千屈菜、水葱、黄菖蒲、芦苇、水蓼等）。

第二层（中）：地被花卉（大片紫色系香草花海为主）。

第三层（远）：局部片状的花灌木（紫薇、丁香、金银木、榆叶梅等）+散布的小乔木（杨树、垂柳、槐树等）。

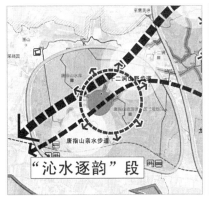

图7-90 "沁水逐韵"段景观意向

空间细部引导：结合步道设置驳岸及护栏、亲水平台、游船码头等景观节点和小品，设计可以通过形式（悬挑、架空、浅水）和材质（防腐木、石材）的变化，在安全性的基础上达到人性化和自然化的设计。

2）"沐林探幽"段

整体引导：以峪子沟、鞍子沟、北大沟三大沟涧为核心，追求绿树浓荫、神奇探险、空间变换、红色浅山的景观意境。本地段以内向型空间体验为主，给人神秘、僻静之感（图7-91）。

步道范围：峪子沟人文步道、鞍子沟探险步道、北大科普步道、龙湾山居养生步道。

绿化规划：地被—带状灌木—片状花卉—片状林木的自然式配植。

第一层（近）：以大片乔木为主，高低错落构成绿色骨架（包括榆、松、柏、椴等天然自生林的巩固，以及黄栌、山楂、山核桃、苹果、梨等人造林的营造）。

第二层（中）：片状的花灌木（大片叶子花、玫瑰、月季等暖色系花卉）+单棵景观树（槐树、造型奇特的松树、银杏树、合欢等）。

第三层（远）：空隙处种植小型灌木，做到绿化全覆盖（沙地柏、矮紫杉、南天竺、金叶女贞、金银木、榆叶梅等）。

空间细部引导：结合步道设置休闲平台、庇护所、观景平台等景观节点和小品。

3）"山野绘锦"段

整体控制：以金鸡泉、唐洞为核心，营造河、田、山交织的贯穿南北的登山步道大地

图7-91 "沐林探幽"段景观意向

景观系统。本地段以半外向型空间体验为主,追求依山观景、开敞大气、视野辽阔、绿色田园的生态意境(图7-92)。

步道范围:焦庄户红色步道、唐洞亲子步道。

绿化规划:带状林带—果林—农田的自然式配植,植物的空间感受通过空间的立面进深、层次、色彩等方面来达到。

第一层(近):结合依山而建的步道,设置花带、林木带(开辟黄栌、梧桐、柿子树季等暖色系植被)。

第二层(中):以大片果林、农田为主(包括黄栌、山楂、山核桃、苹果、梨等人造林的营造)。

第三层(远):开敞辽阔的田园景观,沿河绿化景观。

空间细部引导:结合步道设置休闲平台、观景平台、休闲座椅等景观节点和小品,尽量在安全性的基础上加以人性化和自然化的设计,材质上可以选用防腐木、石材等材料。在建筑物旁、道路转角处、景观小品边缘等空间,配植形态组合相应变化多样。

4)"田涧寻趣"段

整体控制:以安利隆、月明涧为载体,以万亩樱桃林景观为基础,追求趣味、亲子、科教为主的意境,突出果林、山涧、浓林为特色的景观系统(图7-93)。

步道范围:月明涧拓展步道、安利隆休闲步道。

图7-92 "山野绘锦"段景观意向

图7-93 "田涧寻趣"段景观意向

绿化规划：农田—万亩樱桃—科普景观林的自然式配植，植物的空间感受通过空间的立面进深、层次、色彩等方面来达到。

第一层（近）：结合依山而建的步道，设置花带、林木带（除了黄栌、梧桐、柿子树季等暖色系植被以外，引进新型树种，进行科普观瞻、教育）。

第二层（中）：万亩樱桃林景观；

第三层（远）：片状开敞田园景观。

空间细部引导：关注人的空间视觉感知和行为，结合步道设置休闲平台、观景平台、休闲座椅等景观节点和小品，并对空间的形态、色彩、质感等进行细致化处理，材质上可以选用防腐木、石材、木材等材料。

7.7 规划保障

7.7.1 国家登山健身步道系统构建

1. 安全子系统

按照《国家登山健身步道标准（修改稿）》要求，登山步道系统的设计与建设应严格遵循安全原则。步道线路设置应尽量避开冲沟及其他自然灾害易发地段，在地质不稳定区域的步道建设应采取工程加固、排水、强化周边植被覆盖等措施。

在雨季及火灾易发季节应关闭部分登山步道。在灾害易发隐患路段，应及时发布步道险情预警，并在入口位置设置警示标示或采取专人管理。

根据地形地貌建好步道护栏等防护措施。为确保步道系统安全运行，须建立稳妥有效的安全体系（NTS安全体系），通过体系建立传达现代安全理念，提升户外活动的安全性，将风险控制在可接受范围之内（图7-94）。

2. 环境保护子系统

依据《国家登山健身步道标准》，登山步道的设立应以不破坏当地自然环境、保护生态平衡为原则。步道沿线设施建设应尊重周边自然环境，不破坏区域自然环境，规划服务

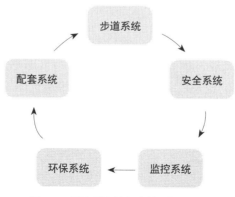

图7-94　国家登山健身步道系统构成图

设施设备材料尽量使用天然材料或对自然环境影响低的材料。

不允许非规划目的步道使用行为。禁止骚扰、虐待、捕猎、垂钓、喂食或宰杀野生动物等行为。不得放生或引进外来生物。禁止非法采摘或砍伐野生植物等行为。

禁止任意丢弃或倾倒垃圾、排放污水及其他污染环境的行为。步道规划提倡绿色低碳的出行及旅游行为方式，步道服务设施有别于城市旅游景点的服务设施，原则上在不同区段步道出入口位置，结合接待站等设施设立公共厕所与垃圾收集点。

在登山步道沿途设立环保标识，在接待站等地张贴环保宣传画，将环保意识作为登山健身活动的一部分贯穿始终。

3. 管理维护子系统

登山步道管理维护系统包括巡查制度、步道检修与维护制度、定期灾害模拟、长期监控资料建档。

巡查制度——登山步道系统内应设立定期巡查制度。巡查人员应受过专业的救援训练，配备基本的维修、救援用设备及饮水、食物与急救药品。每支专业救援队伍原则上不能少于5人，救援队队长为负责人。救援队队员需掌握医疗急救及野外救援、通信等专业技术。救援队应24小时保持救援电话的畅通，做到随时能接听报险电话，在接到险情后能立即集结、出发（图7-95）。

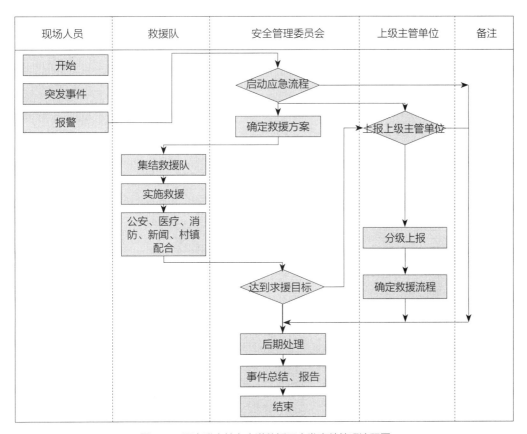

图7-95 国家登山健身步道救援及突发事件处理流程图

步道检修与维护制度——登山步道系统应建立按照不同行政权属（按镇辖区范围）划分的检修与维护责任区段，定期对步道全线进行检查，检查内容包括步道路面路基情况、步道设施运行情况、沿途植被干扰情况，及时对破损路段及问题设施进行修缮维护。

定期灾害模拟——监控防治登山步道系统中土质、地形较脆弱区域。及时应对未来可能出现的新生山体滑坡、崩塌等灾害的发生。

长期监控资料建档——长期对登山步道系统地区的气象、地质、水文及其他相关资料进行观测、搜集、分析及建档。定期进行自然灾害危险度分析及灾害实况模拟，并找出不足之处加以改善。

7.7.2 产业联动扶贫增收

1. 延伸发展时尚户外运动产业、健康产业

顺义登山健身步道与五彩浅山休闲运动资源及度假环境相结合，以户外运动为主题，延伸时尚休闲运动、体育及健康产业链，形成五彩浅山生态旅游消费圈。

1）时尚户外运动产业链

依托国家登山健身步道，进一步发展陆地运动及单车运动，如登山健身、定向越野等徒步运动，山地车越野、小轮车机动、山地速降等单车运动；发展山地运动及地下活动，如徒步登山运动，滑雪、滑梯、滑草、岩降等速降运动，攀岩、攀石、器械攀登等攀爬运动；发展机动车船运动，如山地越野、公路竞赛等摩托运动，赛车等汽车运动，旱冰、滑板、岩跳等滑行运动；发展娱乐休闲及军体运动，如皮球、篮球、排球、足球、羽毛球、网球、沙袋等球类运动，射箭、镖弩、彩弹野战等射击运动。发展时尚户外运动俱乐部，开展户外运动产品展销、专卖、租赁与维护，构建时尚户外运动产业链（图7-96）。

图7-96 户外装备及户外运动产业链构成图

2）健康产业链

功能食品是指对人体或人体某部分具有养生、保健及医疗作用的食品。功能食品遵循"药食同源"、"回归自然"、"返璞归真"中医理论和生命理念，最大特点是取自大自然的精华，且甘美可口，最大优点是无任何毒副作用。《创建21世纪自然医学——功能食品世纪宣言》提出，21世纪是生命科学、自然医学的世纪和功能食品的时代。

依托顺义区优质的医疗资源、功能食品、登山健身步道等户外运动场地，培育形成健康产业链（图7-97）。

2. 促进山区扶贫脱贫

为实现精准扶贫，步道线路尽量串联更多的民俗旅游资源、景点及村落，延长旅游线路，提高旅游综合效益，重要的步道服务设施依托现有村落及已有建筑进行设置，形成山上健身旅游、山下接待服务的格局。

将步道作为政府公益投资项目，成为带动后发山区整体发展的纽带，促进当地居民脱贫致富（图7-98）。五彩浅山国家登山健身步道串联带动唐指山村、贾山村、王泮庄、潘家坟村、茶棚村、安辛庄、丁甲庄、小北坞村、大北坞村、焦庄户村、龙湾屯村、史中坞村、张中坞村、树行村、陈家坞村、南坞村、小曹庄、唐洞村、柳庄户村、七连庄、山里辛庄等20余个特色村落，串联带动木林绿富农合作社、安辛庄苹果园、龙湾屯千亩樱桃采摘园、安利隆生态山庄、欧斐堡酒庄10余个休闲农业基地，成为顺义浅山区富民增收的有力抓手。

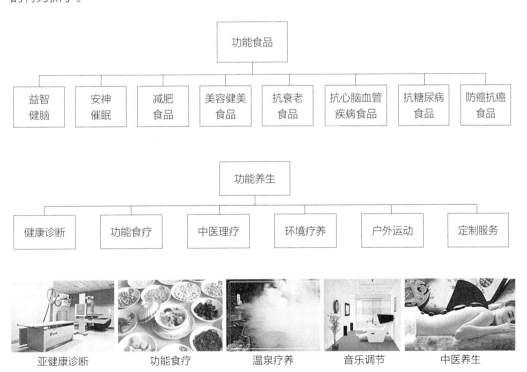

图7-97　健康产业链构成图

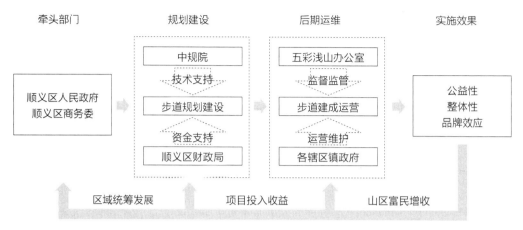

图7-98 步道促进山区扶贫脱贫机制图

7.7.3 区域交通支持

1. 有序组织区外登山者快速抵达五彩浅山的交通线路

面向北京各区居民登山健身需求,将京承高速、京平高速作为北京十余个区进入顺义区的主要通道,顺密路(密云—顺义)、顺平路(平谷—顺义)、六环路、京沈路为辅助通道,以尽量带动景区、景点及商业消费点和避开过境交通及货车较多的公路为原则,以白马路、木燕路为区内连接步道启动区的主要旅游通道,连通浅山区的木邵路、山丁路,使登山者便捷到达唐指山、焦庄户、安利隆三大综合驿站,并快速中转登山。向区外登山者推荐的交通线路如下(图7-99):

(1)京承高速—白马路—木燕路—唐指山综合驿站—中转登山;
(2)京承高速—白马路—木燕路-木邵路—焦庄户综合驿站—中转登山;
(3)京承高速—白马路—木燕路-木邵路—山丁路-安利隆综合驿站—中转登山;
(4)京平高速—木燕路—唐指山综合驿站—中转登山;
(5)京平高速—木燕路—木邵路—焦庄户综合驿站—中转登山;
(6)京平高速—木燕路—木邵路—山丁路—安利隆综合驿站—中转登山。

2. 设立机动车通道的引导标识

在京承高速白马路出入口、京平高速木燕路出入口、顺密路与木燕路交叉口、顺平路与木燕路交叉口、六环与京沈路交叉口、京沈路与白马路交叉口,设立公路标识牌,指示五彩浅山国家登山健身步道方向。在白马路、木燕路的主要路口设公路标识牌,指示五彩浅山国家登山健身步道方向。在木邵路、山丁路的主要路口设公路标识牌,指示五彩浅山国家登山健身步道的主要路段方向(如唐指山段、焦庄户段、安利隆段)。

3. 增强机动车交通的管控措施

与公路部门对接,在白马路、木燕路、木邵路、山丁路局部地段,适当设置货车禁止

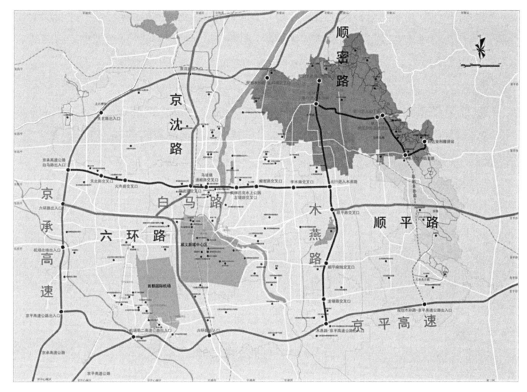

图7-99 顺义区域旅游交通线路引导图

通行标识牌。在木邵路、山丁路除设立货车禁止通行标识牌，还应设置机动车限速标识牌，让与旅游无关的社会车辆自动绕行。

7.7.4 强化赛事营销

1. 强化五彩浅山国家登山健身步道的品牌营销力度

顺义区人民政府、顺义五彩浅山规划建设领导小组每年集中专项宣传资金，面向北京市居民及国内外登山爱好者，通过网站、微博、微信、电视台、报刊等方式，宣传五彩浅山国家登山健身步道品牌形象。

2. 有序组织国际国内登山比赛及节庆

联合国际登山联合会（UIAA），举办其会员国专业队伍的竞赛和训练，开展国际山地户外运动指导员资格培训；联合国际市民体育联盟徒步大会（IVV），举办A级（休闲级）、B级（挑战级）赛事；联合国际自行车联盟（UCI），适时举办山地车比赛（越野赛）。

联合国家体育总局登山协会，开展国家登山运动训练，每年举办中国登山户外运动技能资质大赛。

吸引民间登山运动组织及队伍来五彩浅山训练和竞技，将五彩浅山建设成为登山健身爱好者最专业练习和竞技场地、全民健身运动理想场地。

整合提升已有的龙湾屯杯登山赛事，每年定期组织顺义五彩浅山国际登山比赛、登山趣味比赛，使得每年春、夏、秋季均有重要的登山赛事，吸引国内外登山健身爱好者和户外运动专业队伍参加。

（该项目荣获2014～2015年度中国城市规划设计研究院优秀城乡规划设计奖一等奖。项目负责人：丁洪建、贺剑；项目主管：徐泽、岳凤珍；项目组成员：岳晓婧、刘剑箫、鲍捷、石亚男、郭余华、李克鲁；项目领导协调：何长华、朱广军、沈家腾、王福印）

第8章 北京昌平国家登山健身步道规划

8.1 导言

8.1.1 背景条件

1. 落实关于国民旅游休闲、全民健身中央新要求

2013年国务院办公厅颁发的《国民旅游休闲纲要（2013—2020年）》指出：积极发展自行车旅游、自驾车旅游、体育健身旅游、医疗养生旅游、温泉冰雪旅游等旅游休闲产品，开发康体健身等旅游休闲消费产品。建设国家登山健身步道是昌平区落实《国民旅游休闲纲要》的重要措施之一。

2. 适应2000万北京居民户外健身市场大发展

2013年北京市常住人口2114.8万人，人均GDP 15052美元。2013年北京市居民在京旅游人数9983万人次，旅游消费334亿元，人均花费335元/人次。

自2010年浙江宁海建成全国首条国家登山健身步道以来，山西、内蒙古等地陆续建设国家登山健身步道（表8-1）。自顺义区建成北京首条国家登山健身步道以来，北京居民的户外运动健身需求不断高涨。

近年来有代表性的国家登山健身步道名录　　表8-1

省份	步道名称
浙江	宁海国家登山健身步道
	温州大罗山国家登山健身步道
	慈溪国家登山健身步道
山西	神池国家登山健身步道
	代县雁门长城国家登山健身步道
河北	下花园国家登山健身步道
内蒙古	大青山国家登山健身步道
湖北	崇阳国家登山健身步道
广西	乐业国家登山健身步道
新疆	水墨天山国家登山健身步道
北京	顺义五彩浅山国家登山健身步道

8.1.2 规划任务

1. 规划范围

本次规划范围包括位于昌平山区的兴寿镇、延寿镇、十三陵镇、南口镇、流村镇、阳坊镇、崔村镇镇域及城北街道和南邵镇的北部区片，总面积960km²，占昌平区总面积的71%。分析研究范围为昌平区全域（图8-1）。

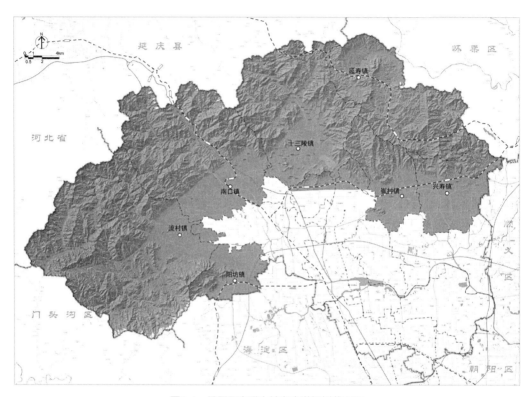

图8-1　昌平国家登山健身步道规划范围图

2. 主要内容

北京昌平国家登山健身步道规划主要内容分为以下两个层次：①规划区步道总体规划。确定步道主线、综合服务基地、区域综合交通衔接。②启动区步道系统规划。确定启动区步道线路布局、步道功能、步道材质、步道难度、步道建设方式，确定步道服务设施体系布局（休息站、接待站、停车场及安全救援系统等），确定步道路面及服务设施的建设标准。

8.1.3 步道规划建设过程

1. 踏勘、图上规划选线

根据步道的设置目标，包括使用者、期待的难度及体验等不同需求，用地形图、航空照片、测量图等描绘出可能路线，在地图上指认可能的控制点，标记步道的走向，加注选线的理由。

2. 勘查、设计、定线

利用测斜器、指南针、高度计和不同颜色的标旗、长久性的标记笔、测土杆、GPS等工具。勘查目的包括：①确认控制点、指认卫片遗落的控制点；②找出最能符合需求的路线；③指认自然特点以提升使用者的体验；④证实所选择的路线能够合理地建造和维护；⑤直到最好的连续路线被选出为止，标示出最后的旗帜，大约每3m挂一旗子。

3. 步道施工与竣工验收

依据步道规划及各路段的设计方案进行施工，在步道路面及服务设施施工完成之后，通过竣工验收，即可投入使用（图8-2）。

图8-2 步道规划建设过程图

8.1.4 规划依据

本次规划将国家体育总局中国登山协会发布的《国家登山健身步道标准（修改稿）》作为规划依据，并参照海内外成熟的步道规划建设经验。

8.1.5 海内外步道借鉴

1. 美国国家步道系统

早在1921年美国设计师本顿·麦凯提出规划修建阿巴拉契亚山步道。1968年，美国林登·约翰逊总统签署了国会制定的《国家步道系统法案》（National Trails System Act）。美国国家步道系统分为国家休闲步道（National Recreation Trails）、国家风景步道（National Scenic Trails）、国家历史步道（National Historic Trails）、连连步道（Connecting or Side Trails）等四大类型。

2. 门头沟步道

2013年发布《门头沟国家步道系统规划》，打造总长270km的国家步道，以京西古道群为主体，串起妙峰山、灵山、潭柘寺等景区和30余个古村落。一期建设步道130km，投资约1.5亿元。建设西山大路古道、天津关古道（黄草梁）、石洋沟古道三条线路，主要用于建设停车场、转运系统、标识标牌、步道修缮、垃圾处理、景观小区打造、休息座椅、应急救援等配套设施。

门头沟步道存在的问题主要为：①步道材质不够生态，公路比例偏高，与登山健身要求尚有距离；②步道人文关怀不足，小环线欠缺，徒步7~8km难以找到步道出口；③步道设计未跟上，设施不成体系，标识系统欠缺且不规范，尚无导览图及安全救援设施；④步道与当地居民存在一定的利益冲突。

3. 顺义五彩浅山国家登山健身步道

顺义五彩浅山国家登山健身步道一期规划140km，投资3亿元。2013年4月区长办公会审查通过步道规划，9月建成125km步道，9月29日举办首届北京顺义国际登山比赛。一期步道包括"2条主线+10个环线"，串联旅游资源、项目及民俗村落。规划配套完善的步道设施体系，包括休息站、接待站、露营地、报警点、救援设施、标识系统等，并提出系统的步道及配套设施建设标准。

顺义步道存在的问题主要为：①一期配套部分步道设施，仍在不断完善服务设施配套；②在步道建设初期，步道设计未跟上，施工单位比照步道规划先行施工；③不同规划设计单位的设计风格相差较大。

8.2 发展定位

8.2.1 现状基础

1. 步道现状

经过项目组历时14天共205km的徒步踏勘，发现昌平区已有一定规模自然形成的山间小道、景区游步道，主要在十三陵、延寿寺、后花园、北山公园等地分散布局，尚不成系统。现有步道的宽度、缓冲带、材质及台阶设置等与《国家登山健身步道标准（修改稿）》的要求存在较大的差距。

2. 设施现状

昌平现有步道的标识缺乏、不够规范统一，仅有少量户外运动组织开展活动而遗留的步道标识。配套设施匮乏，休息站、接待站、安全救援系统等难成体系，建设标准低。

8.2.2 发展条件

经综合评价，昌平山区旅游资源知名度最高、组合优势好，山形地势适宜登山健身，区位交通便捷，运动基础扎实，接待设施完善，在北京市域具有建设国家登山健身步道的比较优势（表8-2）。

昌平区发展国家登山健身步道的比较优势表

表8-2

	区位交通	山形地势	生态环境	旅游景区	接待设施	运动基础
昌平区	4条高速（京藏、京新、京承、六环），距中心城45分钟至1.5小时；5条地铁（昌平线、5号线、8号线、13号线、昌8联络线）；有BRT公交线路	山区面积960km²，平原约占全区面积的1/3；山体海拔在300~600m、600~1000m、1000~1500m区间均有分布	全区林木覆盖率61%	1个5A级景区（明十三陵），6个4A级景区（居庸关长城、银山塔林、温都水城、龙脉温泉疗养院、小汤山农业园、中国航空博物馆、2处世界文化遗产（长城、明十三陵）	星级饭店：五星2家，四星15家，三星14家；民俗村26家，其中山24家	10余届国际徒步、铁人三项、自行车赛事，多家高尔夫球场、滑雪场、射击场等；全区常住人口188.9万人
门头沟区	无高速公路，距中心城1.5~3小时；无地铁；公交线诸有BRT	山地面积1430km²，占98.5%。海拔大于800m的中山占1/2。北部中山平均海拔1400m以上，"京都第一峰"灵山（2303m），黄草梁（1735m），南部中山平均海拔1000m，百花山（1991m），东南部中山平均海拔850m，九龙山（858m），东北部妙峰山（1291m）	山区森林覆盖率为40%~60%，村庄附近植被破坏较严重	2个4A景区（潭柘寺、戒台寺），5个3A景区（妙峰山、双龙峡、十八潭、黄芩仙谷、爨柏景区），有灵山、百花山、黄草梁、永定河、珍珠湖等旅游资源	星级饭店：四星1家，三星3家；民俗村23家	4届国际徒步大会；全区常住人口30.3万
顺义区	3条高速（京承、京平、六环），距中心城45分钟至1.5小时；1条地铁（M15号线）；公交线路较多	浅山区面积约100km²，山体海拔最高600余米	全区林木绿化率28.32%，部分山体植被覆盖较差	浅山区1个3A景区（焦庄户地道战纪念馆），有北大沟林场、哈子沟、鞑子沟等旅游资源	星级饭店：浅山区三星仅1家；全区五星1家，四星7家，三星10家；民俗村5家	2届顺义国际登山大赛；全区常住人口98.3万人

8.2.3 目标定位

借鉴国内外先进的步道建设经验，依托昌平优良的山形地势、旅游资源及生态环境，结合昌平"旅游目的地"、"核心功能区域"两大目标定位，突出资源整合、景区提升、城（镇、村）景统筹，兼顾保护与利用，强化主题与功能复合，构建登山步道、山地自行车道、风景道相融合，构建登山步道、山地自行车道、骑马道、轮滑道、旅游风景道"五位一体"的国家登山健身步道系统，成为国际一流、国内引领的国家登山健身步道品牌地、全国著名的户外休闲运动目的地，将昌平国家登山健身步道建设成为北京国际交往新地标、昌平旅游新引擎。

8.2.4 市场定位

按客源地域细分，以2000余万北京常住人口及旅居国际人士为重点市场，以京外的国际国内登山健身爱好者为基础市场，以访京的休闲度假游客为潜力市场。

按年龄结构细分，以中青年运动健身人群为主体，兼顾中老年养生人群和青少年科普教育人群需求（表8-3）。

按组织方式细分，以家庭出游、朋友聚会和单位组织活动为主体（表8-4）。

不同年龄段人群的步道需求特征表 表8-3

年龄段	年龄	消费特点	身体特点	步道难度	步道功能
中老年	60~74岁	有时间	身体关节承受度低	低难度	养生、保健、抗病、延年益寿
中年	40~59岁	有金钱	身体承受度中等	中难度	休闲运动、静修禅修、身心调养、保健、文化体验
青年	18~40岁	有体能	身体承受度高	中高难度	冒险、挑战、刺激、拓展、野外训练
少年	7~17岁	有兴趣	身体承受度高	中高难度	科普、红色教育、竞技运动、团队训练、夏令营
童年	0~6岁	好奇心	身体承受度较低	低难度	趣味运动、家庭亲子活动

不同组织形式的人群的步道需求特征表 表8-4

组织方式	年龄构成	步道难度	步道功能
朋友聚会	中青年为主	中高难度步道	浪漫、活力、私密、挑战、刺激
家庭出游	全年龄段	中低难度步道	亲子活动、全家参与
单位活动	单位职工（中青年为主）	中高难度步道	拓展培训、团队训练、红色教育
	团队教育（少年为主）	中低难度步道	科普教育、夏令营
	户外组织（中青年为主）	高难度步道	探险、挑战、野外训练、刺激

8.3 规划区步道总体规划

8.3.1 规划原则

1. 生态为本

针对市民追求清洁空气和优美生态环境的需求,以山区优良的生态环境本底为吸引点,选择植被丰富的地段,作为登山健身的重要路段。

将生态保护放在首位,步道选线依山就势,步道建设就地取材,不破坏生态环境,绕开高大乔木、古树,在步道设计与施工环节尽量减少人为化、人工化的工程建设技术行为。

2. 安全第一

为保障登山者的生命安全,步道线路设置应尽量避开冲沟、洪灾、滑坡易发地段。若难以避开此类地段,步道选择必须设在洪水位线以上,采取工程加固、排水、强化周边植被覆盖等措施。位于洪灾易发地段的步道线路,应实施路基硬化加固,增设排水设施,设挡土墙,加强周边植被覆盖等水土保持措施。同时应加强步道运营管理,在灾害天气时段,发出步道危险预警,并在局部区片采取封闭步道,禁止游人进入等管理措施。步道选线避开采矿区、粮油库、坟地(非景点)、高压线等邻避设施。在步道沿线配置完善的救援系统,构筑登山者的生命线。

3. 多样选择

综合评价山体高程、坡度因素,根据不同人群的体力特点,步道选线因山就势,为不同人群提供不同难度的登山健身步道,适应不同年龄段、不同体能类型人群的登山健身需要。

测算山体的高程,昌平山区东部高程600~800m,北部高程800~1000m,西部高程1000~1500m;将高程800m以下的路段作为中低难度步道的主要选线区段。

测算山体的坡度,将坡度10%~25%的路段作为登山健身步道的主要选线区段,也是中低难度步道选线的基本要求。

4. 文化融入

步道尽量串联人文资源,将步道线路融入文化内涵,让步道有灵魂。让登山既是健身之旅,又是心灵之旅。

5. 联动富民

以步道主线和小环线为手法,尽量串联更多的旅游资源、景点、民俗村落及项目,形成多个主题功能的步道环线,拉动旅游综合消费,带动山区富民增收。

6. 对接交通

步道对接区域交通、绿道,与贯穿昌平区的高速公路、主要高等级公路、绿道主线互联互通,提高步道系统的可进入性。

8.3.2 步道建设适宜性评价

针对国家登山健身步道的特点,选取难度因素(包括高程、坡度等影响因子)、吸引因素（包括植被、景区公园、旅游资源、水体等影响因子）和避让因素（包括基本农田、文物保护单位、电力线、油库、燃料库、露天库、采掘场、坟地等影响因子），构建步道建设适宜性评价的因子体系。经过影响因子赋值、缓冲区分析、面转栅格、重分类、确定因子权重等环节，计算栅格综合得分。根据综合得分自高至低将各栅格单元划分为四级：①适宜步道建设用地；②较适宜步道建设用地；③较不适宜步道建设用地；④不适宜步道建设用地。经调整图面显示效果，生成昌平区国家登山健身步道的建设适宜性评价图（图8-3、彩图35，表8-5）。

根据步道建设适宜性评价结果，采取相应的步道选线策略：①对不适宜步道建设用地，应尽量避免步道线路经过；②对较不适宜步道建设用地，步道选线应特别慎重、精准，不宜集中连片、较大规模地进行步道选线；③对较适宜步道建设用地，步道选线应切实考虑避让因子的影响；④对适宜步道建设用地，应进行步道选线的多方案比较，优中选优。

图8-3　规划区步道建设适宜性评价结果图

规划区步道建设适宜性评价结果表　　　　　　　　表8-5

分类	面积（km²）	比例（%）
不适宜建设	36.61	3.82
较不适宜建设	412.17	43.03
较适宜建设	338.63	35.35
适宜建设	170.53	17.80
总计	957.95	100.00

基于步道建设适宜性评价结果，结合实地踏勘确定的控制点，计算生成最小成本路径。结果实际情况，将最小成本路径与实地踏勘线路进行比选，实现步道线路优化布局，最终确定步道线路的布局方案。

8.3.3 规划思路

参照步道建设适宜性评价结果、各镇近期建设步道思路（昌平山区7个镇近期计划建设步道共360km）、登山比赛线路及驴友经典线路，串联各镇步道主线，预留与周边区县步道的对接口，确定步道综合服务基地，形成昌平国家登山健身步道系统的主体框架（图8-4~图8-8）。

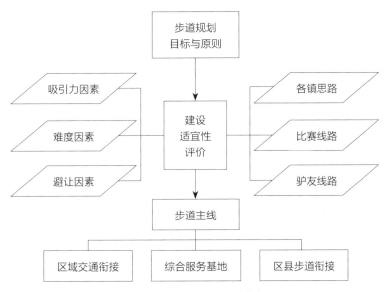

图8-4　规划区步道规划思路框架图

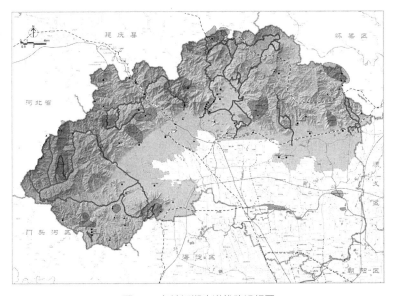

图8-5　各镇近期步道线路设想图

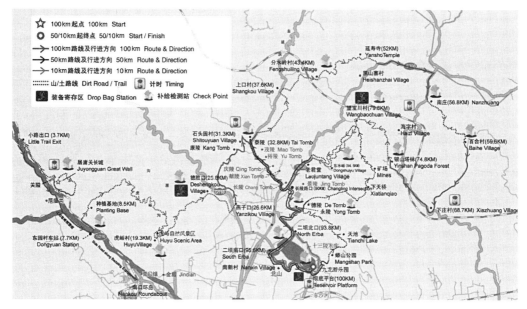

图8-6　TNF百公里越野比赛线路图

图8-7　善行者2014比赛线路图

图8-8 碓臼峪—德胜口驴友登山线路图

8.3.4 规划方案

在昌平山区构建"一带三区"的步道空间结构，步道主线总长620km，配套7个综合服务基地，对接不同人群的户外运动需求，构建昌平国家登山健身步道的总体架构、骨干线路及综合服务基地，预留区际步道对接口，与海淀、门头沟、延庆、怀柔、顺义及河北山区步道相对接，形成步行、自行车、骑马、轮滑、机动车"五位一体"的国家登山健身步道系统（图8-9）。

其中，"一带"即皇家风景道旅游景观休闲带；"三区"包括：世界遗产步道区，涵盖居庸关长城、明十三陵两大世界文化遗产，构建享誉国际的精品步道；养生健康步道区，构建以祈福延寿、健康养生为主题功能的精品步道；探险拓展步道区，构建以探险挑战、野外拓展为主题功能的精品步道。

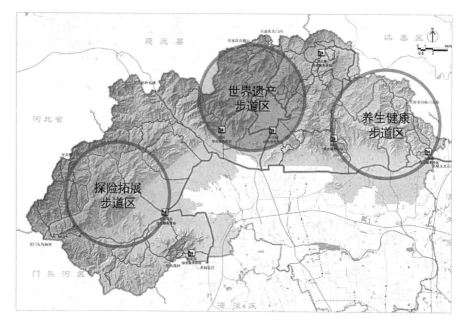

图8-9 规划区步道空间结构图

8.4 启动区步道系统规划

8.4.1 启动区的选择

按照有利于集中资金，尽早创建国家登山健身步道品牌的原则，以明十三陵、居庸关长城两大世界文化遗产为龙头，以十三陵镇为主体，以南口镇和延寿镇的相邻区片为两翼，形成"一体两翼"步道建设启动区，面积为335km^2（图8-10）。

昌平国家登山健身步道建设启动区的选择，主要考虑以下依据：①有利于申报国家登山健身步道品牌。明十三陵、居庸关长城享誉世界，依托高知名度的旅游资源，有利于对外宣传、吸引国内外登山者。②山形地势适宜登山健身。山体海拔以800m以下为主，适宜绝大多数人群登山健身（多个年龄段、多种体验类型、多种组织方式）。③集中连片便于建设。有利于集中资金、连片建设步道，总结可复制经验，向全区推广。④运动基础扎实。现有十三陵运动集聚区、北山公园步道、景区游步道，具有较好的运动项目基础。⑤服务设施基础较好。现有十三陵集散中心，多个停车场（2400个停车位）、民俗村和百余个采摘园。

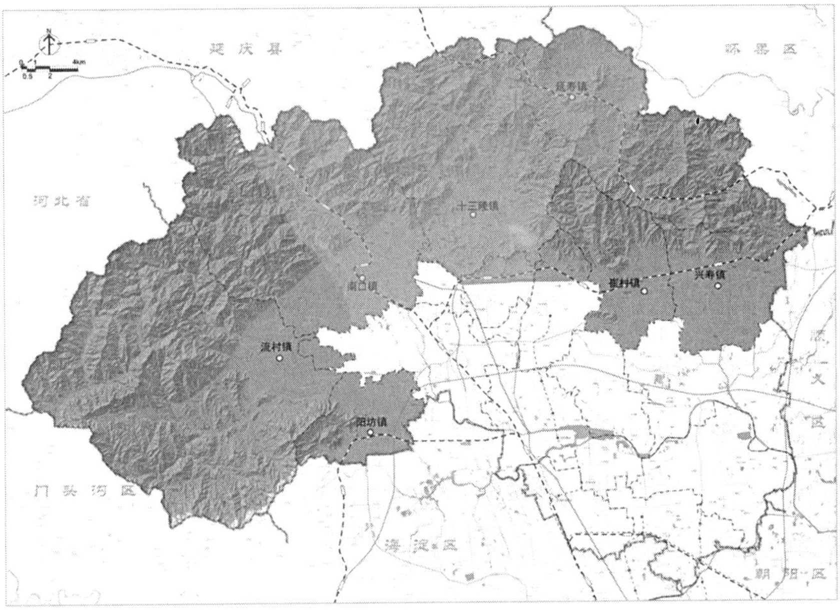

图8-10 启动区步道规划范围图

8.4.2 建设条件评价

1. 不占基本农田，盘活利用存量用地

步道选线尽量利用原有道路，尽量不占耕地，避开基本农田，在山上尽量减少配套设施建设，并尽量减小配套设施占地面积，仅设置必要的休息站、观景平台、救援灯杆、标识标牌等，可结合休息站设置生态厕所（图8-11）。步道设施以山下配建为主，尽量利用镇村存量建设用地，盘活镇村存量资源。

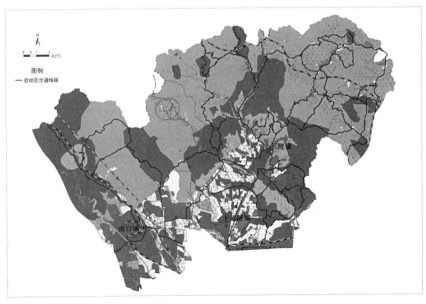

图8-11 启动区基本农田与步道线路关系图

2. 与文物保护单位保持足够缓冲距离

步道选线与文物保护单位保持足够的缓冲距离，除利用已有线路以外，新建步道线路应避开文物保护单位的保护范围，尽量避开文物保护单位的建设控制地带。

新建步道线路距离文物保护单位的保护范围在200~300m以上；在文物保护单位的建设控制地带确有必要设置步道时，应严格控制路面宽度、材质，配套设施的体量、高度、颜色及风格等均应符合文物保护单位的保护要求，与文物保护单位相协调（图8-12）。

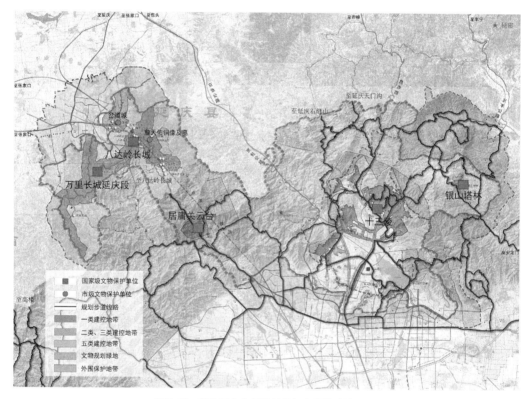

图8-12 启动区文物保护单位与步道线路关系图

3. 体现人文关怀，构建不同难度步道

启动区山体高程最大为800~1000m，综合评价山体高程、坡度因素，将坡度10%~25%的路段作为登山健身步道的中低难度步道的选线区段，将25%~45%的路段作为高难度步道选线区段，为不同人群提供不同难度的登山健身步道，体现人文关怀（图8-13）。

4. 步道应避开冲沟、洪灾易发地段，位于洪水位线以上

基于GIS空间分析工具，对启动区进行水文分析，步道选线尽量避开冲沟、洪灾易发地段，步道线路设置应位于洪水位线以上，采取工程加固、排水、强化周边植被覆盖等措施，有利于水土保持，切实保障登山者的生命安全（图8-14）。

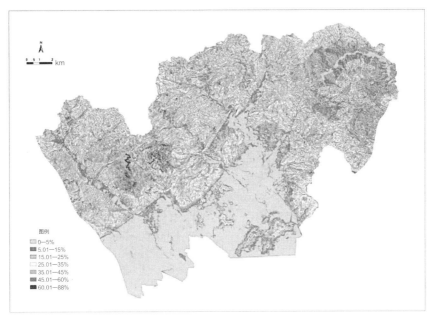

图8-13　启动区山体坡度分析图

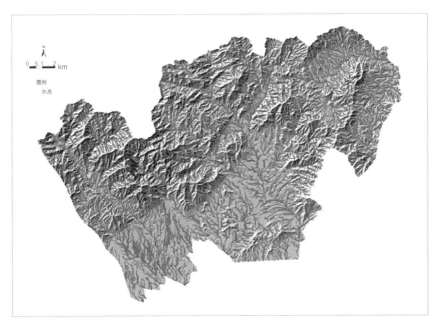

图8-14　启动区水文分析图

5. 步道因山就势，基于三维空间确定线路，不破坏生态环境

通过GIS技术手段，计算山体三维地表面，与分辨率达0.5m的高新卫片相拟合，构建启动区山体高清卫片3D拟合图，在三维空间分析比对多个步道选线方案的高程、坡度、材质、生态条件等参数，避开高大乔木、古树，为确定步道线路方案提供科学依据（图8-15）。

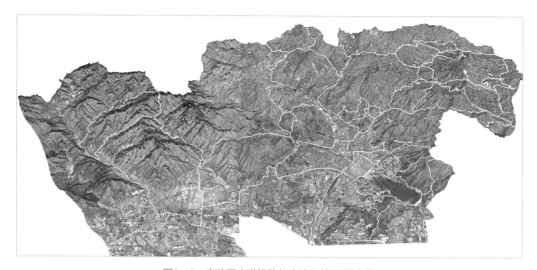

图8-15 启动区步道线路与高清卫片3D拟合图

8.4.3 空间结构：2主线+7环线

启动区规划构建"2主线+7环线"步道结构，串联十三陵镇、南口镇、延寿镇的主要旅游资源、项目及民俗村落，支撑形成昌平国家登山步道系统（图8-16）。

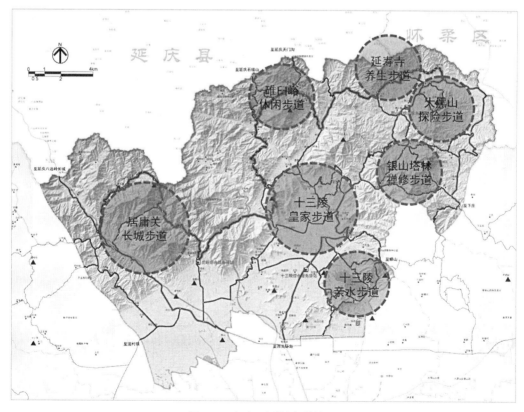

图8-16 启动区步道空间结构图

其中，2条步道主线为世界遗产国际精品步道、皇家风景道，7条步道主题环线为居庸关长城步道、十三陵皇家步道、十三陵亲水步道、碓臼峪休闲步道、银山塔林禅修步道、大黑山探险步道和延寿寺养生步道。

8.4.4 步道总体布局

启动区规划步道总长度270km，预留与周边区县步道的对接口。针对不同人群需求，分别构建0.5~1天、1~2天、2~3天的主题登山健身游程，总计提供7~15天登山健身游程。其中，世界遗产国际精品步道，主线长65km，举办国际登山联合会（UIAA）、国际市民体育联盟徒步大会（IVV）赛事；皇家风景道，主线长55km，举办国际自行车联盟（UCI）山地车比赛；7条步道主题环线，成为国际登山联合会（UIAA）会员国队伍竞赛、训练、培训地，国家登山运动队伍训练基地，中国登山运动比赛举办地，民间登山运动组织、登山健身爱好者的专业练习和竞技场地、全民健身运动理想场地（图8-17，彩图36）。

步道线路重点在山上进行布局，尽量利用原有道路、就地取材，尽量不占耕地、不伐林木、不影响文保单位，尽量避开灾害地段、冲沟、洪水位线，有利于水土保持；尽量串联旅游资源、景区、项目及民俗村，预留与昌平区绿道、周边区县步道对接口。步道服务设施重点在山下进行配套，尽量利用存量建设用地，盘活镇村存量资源，依托现有市政设施设置。

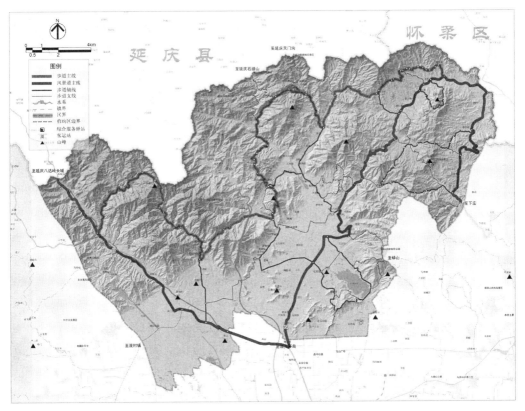

图8-17 启动区步道总体布局图

1. 按步道难度划分

构建不同难度的步道，为不同年龄段、不同体能类型人群，提供多元化的步道选择：①高难度步道，即坡度25%以上的步道，长27km，占步道总长的10%，设台阶、木栈道；②中难度步道，即坡度15%～25%的步道，长76km，占步道总长的28%，设砾石道、落叶步道和土石道；③低难度步道，即坡度15%以下的步道，长167km，占步道总长的62%，设石板道、土石道、落叶步道以及水泥路与柏油路提升完善（图8-18，彩图37）（图8-19）。

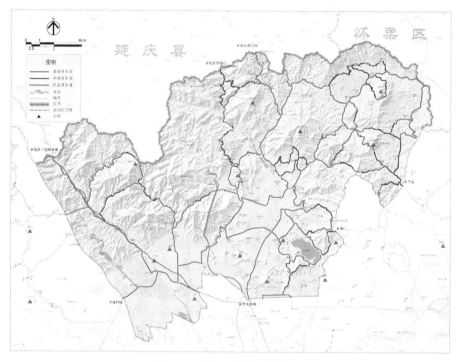

图8-18 启动区步道难度规划图

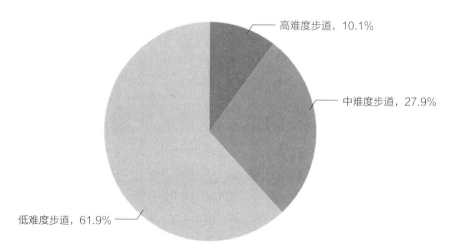

图8-19 启动区步道难度构成图

2. 按建设方式划分

尽量利用现有道路，按建设方式划分为三类：①新建步道，长77km，占步道总长的28%。新建步道尽量不占耕地、林地。②道路改造，长83km，占步道总长的31%。分现有步道改造和水泥柏油路面改造。③道路完善，长110km，占步道总长的41%（图8-20，彩图38）（图8-21）。通过标识配套、路面简单整治，达到登山步道系统要求。

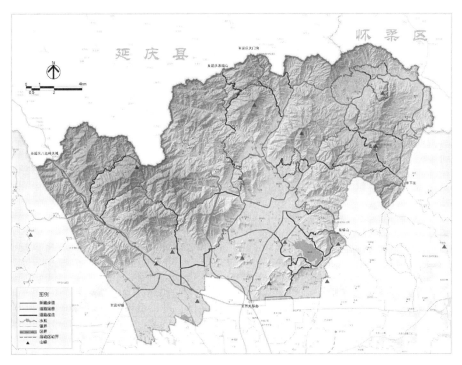

图8-20　启动区步道建设方式规划图

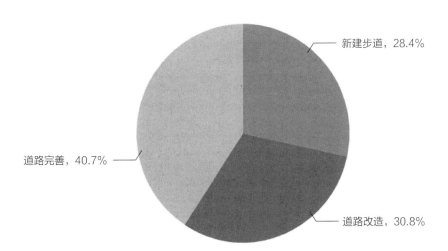

图8-21　启动区步道建设方式构成图

3. 按步道材质划分

步道材质尽量就地取材,维持原生态环境景观。步道材质划分为以下七类:①土石道,长38km,占步道总长的14%;②台阶,长27km,占步道总长的10%;③水泥路提升改造,长76km,占步道总长的28%;④木栈道,长3km,占步道总长的1%;⑤落叶步道,长9km,占步道总长的3%;⑥砾石道,长14km,占步道总长的5%;⑦风景道改造,长103km,占步道总长的38%(图8-22,彩图39)(图8-23)。

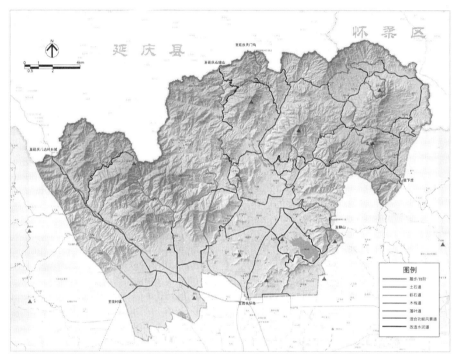

图8-22 启动区步道材质规划图

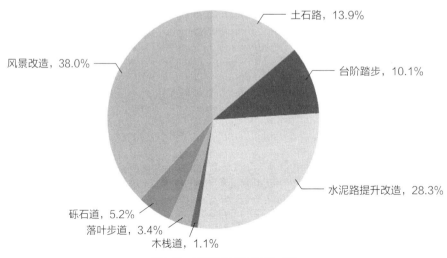

图8-23 启动区步道材质构成图

4. 按交通方式划分

步道系统实现步行、自行车、轮滑、骑马、机动车五种交通方式无缝对接，部分道路兼容2～3种交通方式。其中，轮滑道长11km；骑马道长9km；风景道长100km；自行车道长120km；步道长270km（图8-24，彩图40）。

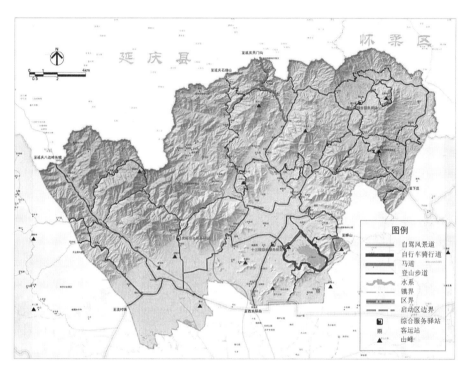

图8-24　启动区步道交通方式规划图

8.4.5　典型步道线路

1. 居庸关长城步道（图8-25～图8-28，表8-6）

线路位置：居庸关2号停车场—九仙庙—磨盘山—居庸叠翠—虎峪景区。

功能定位：以雄、奇、险、峻为特点，串联居庸关长城、居庸叠翠景观、虎峪景区，形成彰显古代完备军事防御体系和优美自然环境的长城主题步道。

适宜人群：适宜国际人士、青少年文化教育人群及中青年户外健身爱好者。

线路长度：全长45km，其中台阶长6km。

特色亮点：长城览胜、雄关要隘、英雄天梯、居庸叠翠、虎峪踏涧。

山形地势：最大高程1020m，最小高程106m，平均坡度为18%。

资源环境：串联居庸关长城、居庸关市级民俗村、居庸叠翠景观、虎峪景区、通天池、羊尾巴湖瀑布、天桥石洞、百仙洞、佛崖、烈女峰、虎峪水库等景点。

景观指数：★★★★★

难度指数：★★★★

140　下篇　步道规划实例

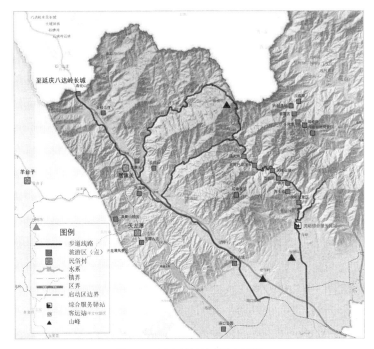

图8-25　居庸关长城步道布局图

图8-26　居庸关长城步道意向

图8-27　居庸关长城步道3D线路图

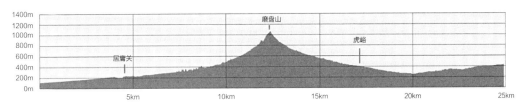

图8-28 居庸关长城步道坡度图

居庸关长城步道材质构成表　　　　表8-6

材质	长度（km）	比例（%）
土石路	2.5	5.6
台阶踏步	6.3	14.1
水泥路提升改造	12.4	27.8
木栈道	2.3	5.2
落叶步道	1.2	2.7
砾石道	6.3	14.1
风景道改造	13.6	30.5
小计	44.6	100.0

2. 十三陵皇家步道（图8-29~图8-32、表8-7）

线路位置：神路—十三陵集散中心—思陵—悼陵监—万娘坟、昭陵、定陵—德胜口—大峪山—燕子口—康陵、泰陵—茂陵—裕陵—庆陵—献陵—黄泉寺、老君堂—长陵—景陵—永陵—德陵。

功能定位：以自然山水格局与皇家陵寝布局的和谐统一为特点，串联神路及明朝13座帝陵，形成彰显皇家陵寝文化和建筑艺术的人文步道。

适宜人群：适宜青少年文化教育人群、文化体验爱好者及大多数人群。

线路长度：全长63km，其中台阶长6km。

特色亮点：漫步历史长河，览胜皇苑风水，皇家古道（厚重、规整）、观景平台、解说系统。

山形地势：最大高程519m，最小高程76m，平均坡度为12%。

资源环境：串联明朝13位皇帝的陵寝和康陵、黄泉寺、德陵等3个市级民俗村。

景观指数：★★★★★

难度指数：★★

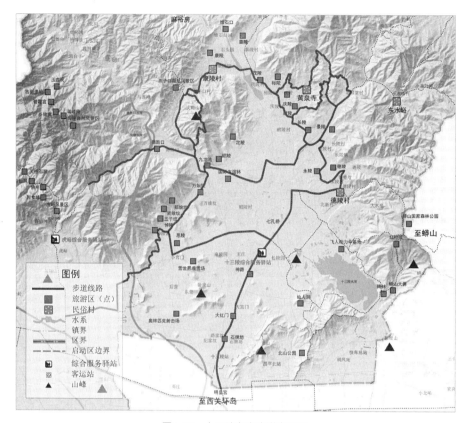

图8-29 十三陵皇家步道布局图

图8-30 十三陵皇家步道意向

图8-31 十三陵皇家步道3D线路图

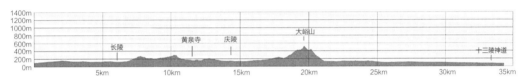

图8-32 十三陵皇家步道坡度图

表8-7

材质	长度（km）	比例（%）
土石路	6.5	10.3
台阶踏步	5.6	8.9
水泥路提升改造	13.5	21.5
风景道改造	37.3	59.3
小计	62.9	100.0

3. 十三陵亲水步道（图8-33～图8-36、表8-8）

线路位置：十三陵水库二道坝—仙人洞—北山—碑林—飞人动力伞基地—红叶坡-德陵村。

功能定位：以十三陵水库、蟒山国家森林公园与明十三陵遥相呼应为特点，串联铁人三项基地、动力伞基地、高尔夫俱乐部等项目，形成山水辉映、自然与人文对话、时尚户外运动集聚的亲水步道。

适宜人群：适宜家庭亲子活动、朋友聚会、国际国内户外运动比赛。

线路长度：全长33km，其中台阶长4km。

特色亮点：小轮车、轮滑、骑马、跑步、游泳、铁人三项、低空项目集聚，是国际户外运动比赛地、时尚运动展示地、家庭亲子畅游地。

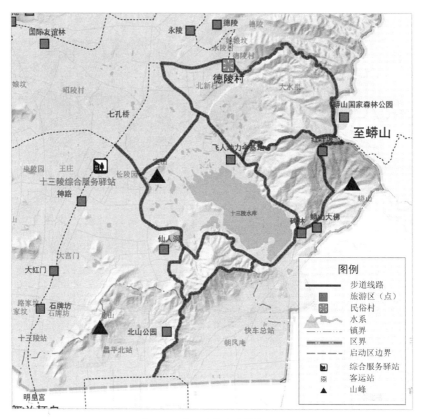

图8-33 十三陵亲水步道布局图

图8-34 十三陵亲水步道意向

山形地势：最大高程310m，最小高程79m，平均坡度为13%。

资源环境：串联十三陵水库、北山公园、蟒山森林公园，宝山、蟒山大佛、红叶坡等景点，铁人三项基地、动力伞基地、高尔夫俱乐部等旅游项目，以及德陵市级民俗村。

景观指数：★★★★

难度指数：★

图8-35 十三陵亲水步道3D线路图

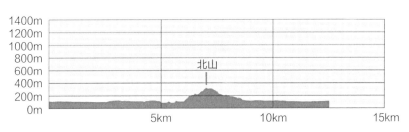

图8-36 十三陵亲水步道坡度图

十三陵亲水步道材质构成表　　　　　表8-8

材质	长度（km）	比例（%）
土石路	7.4	22.8
台阶踏步	4.3	13.3
水泥路提升改造	18.1	55.9
砾石道	1.1	3.4
风景道改造	1.5	4.6
小计	32.4	100.0

4. 碓臼峪休闲步道（图8-37~图8-40，表8-9）

线路位置：燕子口—麻峪房—碓臼峪景区—大岭沟—里桃园—大岭沟猕猴桃景区—下口—上口。

功能定位：以奇峰怪石、奇花异草、静谧清幽为环境特点，串联碓臼峪景区、大岭沟猕猴桃谷景区及周边的民俗村落，形成具有亲近自然、寻奇探幽、静心怡神功能的休闲步道。

适宜人群：适宜中老年人群、亚健康人群。

线路长度：全长35km，其中台阶长3km。

特色亮点：森林浴、攀岩、幽谷骑马、林海漫步、天然氧吧，是放逐心灵、平衡身心的慢生活区。

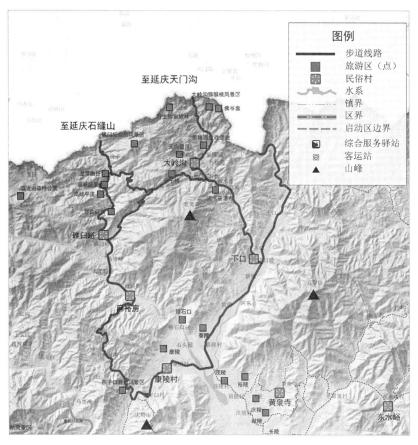

图8-37　碓臼峪休闲步道布局图

图8-38　碓臼峪休闲步道意向

山形地势：最大高程580m，最小高程142m，平均坡度为16%。

资源环境：串联碓臼峪景区、大岭沟猕猴桃景区、燕子口景区，琴曲迎宾、高峡平流、金峡胜景、龙潭幽谷、野生猕猴桃林、佛爷龛、里桃园抗战遗迹、天狗望月、母子情、锥石口沟、上下口沟等景点，麻峪房、碓臼峪、大岭沟、下口等4个市级民俗村。

景观指数：★★★★

难度指数：★★

图8-39　碓臼峪休闲步道3D线路图

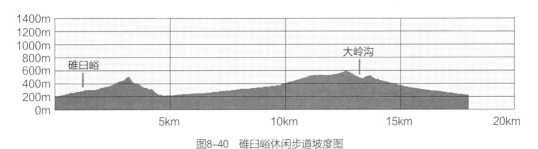

图8-40　碓臼峪休闲步道坡度图

碓臼峪休闲步道材质构成表　　　表8-9

材质	长度（km）	比例（%）
土石路	2.5	7.1
台阶踏步	2.4	6.8

续表

材质	长度（km）	比例（%）
水泥路提升改造	17.9	50.7
落叶步道	3.6	10.2
砾石道	2.6	7.4
风景道改造	6.3	17.8
小计	35.3	100.0

5. 银山塔林禅修步道（图8-41～图8-44，表8-10）

线路位置：东水峪、老君堂—望宝川—银山塔林景区—西湖、湖门—花果山—海子—慈悲峪、望宝川。

功能定位：以群峰连绵、松林茂盛为环境特点，串联银山铁壁景观、法华禅寺遗址、舍利塔，形成彰显北方著名佛教圣地、佛教禅修的人文步道。

适宜人群：适宜企业高管、高级白领、参禅悟道人群及文化体验爱好者。

线路长度：全长43km，其中台阶5km。

特色亮点：禅茶、禅食、禅意花园、营地，是都市人静修禅修、回归心灵的家园。

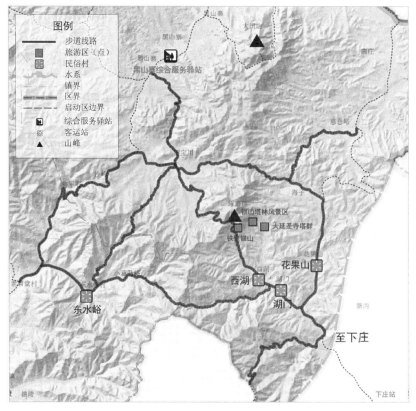

图8-41　银山塔林禅修步道布局图

图8-42　银山塔林禅修步道意向

山形地势：最大高程770m，最小高程190m，平均坡度为14%。

资源环境：串联银山塔林景区，大延圣寺塔群、法华禅寺遗址、琢磨顶、铁壁银山等景点，东水峪、西湖、湖门、花果山等4个市级民俗村。

景观指数：★★★★

难度指数：★★★

图8-43　银山塔林禅修步道3D线路图

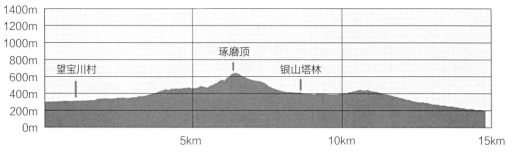

图8-44 银山塔林禅修步道坡度图

银山塔林禅修步道材质构成表　　　　表8-10

材质	长度（km）	比例（%）
土石路	10.4	24.4
台阶踏步	4.8	11.2
水泥路提升改造	11.8	27.6
落叶步道	2.9	6.8
砾石道	3.3	7.7
风景道改造	9.5	22.2
小计	42.7	100.0

6. 大黑山探险步道（图8-45~图8-48，表8-11）

线路位置：黑山寨—大黑山—辛庄。

功能定位：以坡度20%以上高难度步道为主，串联大黑山的幽谷密林、嶙峋怪石和昌平东北部最高峰顶（海拔758m），构建登顶远眺、富有挑战冒险精神的登山步道。

适宜人群：适宜勇于挑战、追求刺激的中青年人群、驴友。

线路长度：全长6km，其中台阶长2km。

特色亮点：登凌绝顶、悬空栈道、熊洞探险。

山形地势：最大高程758m，最小高程239m，平均坡度为20%。

资源环境：串联大黑山的幽谷密林、嶙峋怪石、熊洞、昌平东北部最高峰（海拔758m）。

景观指数：★★★★

难度指数：★★★★

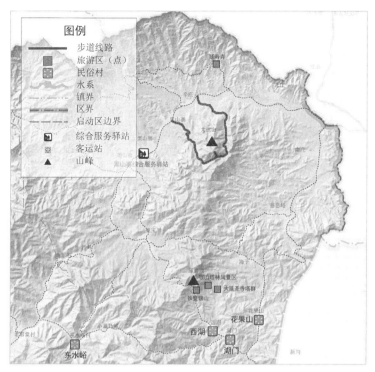

图8-45 大黑山探险步道布局图

图8-46 大黑山探险步道意向

图8-47 大黑山探险步道3D线路图

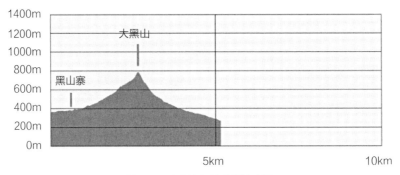

图8-48　大黑山探险步道坡度图

大黑山探险步道材质构成表　　　　　　　　　表8-11

材质	长度（km）	比例（%）
土石路	2.0	34.5
台阶踏步	1.9	32.8
木栈道	0.6	10.3
落叶步道	0.5	8.6
砾石道	0.8	13.8
小计	5.8	100.0

7. 延寿寺养生步道（图8-49～图8-52，表8-12）

线路位置：分水岭—（黑山寨）—延寿寺景区—（辛庄）—北庄—南庄—慈悲峪。

功能定位：以青山苍翠、碧影森叠、紫霭缥缈为环境特点，串联延寿寺院、"华北第一奇松"盘龙松、延寿清泉、明代佛塔及分水岭，构建彰显益寿延年主题的人文步道。

适宜人群：适宜中老年人群、亚健康人群及祈福延寿人群。

线路长度：全长36km，其中台阶长2km。

特色亮点：养生步道、瑜伽步道、山林太极、养生宴。

山形地势：最大高程480m，最小高程227m，平均坡度为16%。

资源环境：串联延寿寺院、"华北第一奇松"盘龙松、延寿清泉、明代佛塔及分水岭等景点，分水岭、北庄、南庄、慈悲峪等村落。

景观指数：★★★★

难度指数：★★

图8-49 延寿寺养生步道布局图

图8-50 延寿寺养生步道意向

图8-51 延寿寺养生步道3D线路图

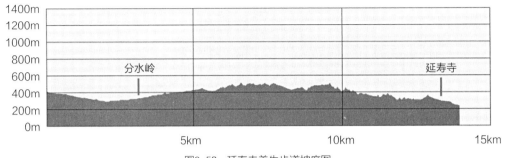

图8-52 延寿寺养生步道坡度图

延寿寺养生步道材质构成表　　　　　表8-12

材质	长度（km）	比例（%）
土石路	6.4	18.0
台阶踏步	2.0	5.6
水泥路提升改造	2.7	7.6
落叶步道	0.9	2.5
风景道改造	23.6	66.3
小计	35.6	100.0

8.4.6 步道服务设施布局

1. 服务设施体系布局

1）步道服务设施体系构成

在昌平启动区构建三级步道设施体系——综合服务驿站、服务驿站和服务节点，实现对登山步道的全覆盖（图8-53）。

综合服务驿站，为第一等级服务设施，提供游客中心（占地90~360m²）、停车场、摆渡车发车站、自行车租赁维修站、户外装备专卖店、旅游商店、旅游厕所、餐饮乃至住宿等综合服务。

服务驿站，为第二等级服务设施，提供咨询、停车场、摆渡车停靠站、自行车租赁维修站、旅游商店、旅游厕所及餐饮等服务。

服务节点，为第三等级服务设施，具体细分为以下类型。

（1）休息站。为游客提供休息、简单补给服务，站与站步行不超过2小时路程。

（2）露营地。设在山体结构稳定，无塌方洪水危害，干燥平整，靠近水源的安全地区。

（3）接待站。可依靠农家院落等固有建筑物进行设置，提供住宿、补给、垃圾处理、简单医疗等服务。

（4）报警点。点与点之间不超过1小时（或5km）路程。

图8-53 步道服务设施体系构成图

（5）避难场所。可借用天然的山洞或安全稳固的岩石、墙壁、立木等自然地形设立，具有挡雨防风等功能。

（6）专用公交站。整合与延伸已有公交线路，连接地铁站、火车站、快车总站与综合服务驿站、服务驿站，在公交线路与步道的主要结合处设专用公交站。

（7）摆渡车停靠站。沿风景道、山区公路设置，对接步道主要上山入口。

（8）自行车服务站。提供自行车停放保管及维修养护服务。

（9）救助站。提供应急救援、医疗救助服务，设医务室，配备救援设备及救援队伍。

2）步道服务设施体系布局

在昌平启动区，根据登山健身者的需要，设置综合服务驿站3处，位于南口镇的虎峪景区、十三陵镇的十三陵旅游集散中心、延寿镇的黑山寨村；设置服务驿站13处，位于南口镇的居庸关景区、九仙庙村、东园村，十三陵镇的大岭沟村、麻峪房村、下口村、康陵村、德胜口村、长陵村、德陵村、东水峪村，以及延寿镇的延寿寺景区、西湖-湖门村；设置休息站25处，露营地6处，接待站12处，救援站8处，太阳能定位报警点24处（表8-13，图5-2）。通过步道服务设施体系的优化布局，确保其服务范围对国家登山健身步道线路实现全覆盖。

水、电、气、垃圾处理、旅游厕所等市政设施，依托服务驿站及镇村已有设施，跟进完善配套。休息站根据需要配置生态厕所、垃圾箱。

启动区步道服务设施体系构成表　　　　　表8-13

等级	设施名称	数量	位置
一级	综合服务驿站	3	虎峪、十三陵集散中心、黑山寨
二级	服务驿站	13	居庸关、九仙庙、东园，大岭沟、麻裕房、下口、康陵、德胜口、长陵、德陵、东水峪、延寿寺、西湖-湖门
三级	接待站	12	碓臼峪、上口、燕子口、黄泉寺、老君堂、悼陵监、十三陵水库、分水岭、南庄、慈悲峪、海子、望宝川
三级	休息站	25	结合步道设置
三级	露营地	6	虎峪景区、燕子口景区、大岭沟景区、十三陵水库、望宝川水库、红栌银山汽车营地

2. 救援设施专项布局（表8-14，图5-3）

1）报警点

设置于制高点及难攀爬路段，共设24处。

2）救助站

结合现状接待服务设施设置，尽量靠近步道入山口路段，共设8处。

3）救援通道

保证应急情况救援车辆通行，与对外道路交通对接。

4）救援通道尽端

通道尽端距登山路段最远不超过3.5km。

5）避难场所

结合休息站、天然的山洞或安全稳固的岩石、立木等设置若干。

启动区步道救援系统构成表　　　　　表8-14

名称	数量（个）	位置
救助站	8	居庸关、虎峪、麻峪房、泰陵、老君堂、十三陵水库北、黑山寨、海子
报警点	24	南口段4个，十三陵段12个，延寿段8个

3. 标识系统专项布局（图5-4）

1）公路路段标识

在公路与步道的交叉转换处，昌平绿道主要线路与步道的交叉口处，结合道路指示牌设置，标明步道路段名称及方向。

2）登山入口、驿站综合标识

结合登山入口、服务驿站设置，标明步道导览图、当前位置、重要设施及必要的指示、警示、地形标识等内容。

3）转折点、交叉口标识

在步道与一般道路、步道相互交叉及转折点设置，标明步道相邻点名称、方向距离及必要的警示、地形标识内容。

4）途中标识

在易迷路路段设置，起到串联和衔接标识系统作用，标明地点名称及相邻点位名称、方向及距离。

8.5 规划保障

8.5.1 构建国家登山健身步道系统

构建完整的国家登山健身步道系统，包括步道、配套、安全、环保、监控、信息子系统。建立有效的NTS安全体系，明确安全救援及突发事件处理流程（医疗、救援、防火、公安、救灾），提升户外活动的安全性，将风险控制在可接受范围之内。成立专业的安全救援队伍（医疗、救援、防火、公安、救灾），通过专业技能培训，由工作人员、医生、巡视人员、护林员、当地村民、志愿者等组成。

8.5.2 构建昌平智慧登山系统

1. 昌平国家登山健身步道网

提供网友分享、活动组织、赛事组织、宣传推介等功能。链接昌平旅游网，包含智慧旅游、智慧查询终端、手机APP等功能。登山者通过网络查询或下载手机APP Store，就可享受到自助导游、线路查询、票务预订、酒店预订等便捷服务。

2. 移动APP

开发面向户外爱好者的记录、浏览、分享户外线路（GPS轨迹）的客户端，提供GPS轨迹记录、轨迹分享，以地图游记方式采集和展示户外出游、自助旅行的轨迹线路，以及分享文字照片。

3. 流量监控与交通联合调度系统

设置停车场动态监控与联合调度系统，实现摆渡车联合调度和专用公交联合调度，提高昌平山区登山健身的可达性，确保步道与其他交通方式的便捷转换。

4. 智能语音导览系统

实现全自动的感应式语音导览，游客在进入景区之后，手持导览机或安装导览APP的手机走到某一景点，智能语音导览系统中的发射器就会发出相应的信号，智能语音导览机收到信号之后就讲解该景点对应的导游词，并能提供多种语言的讲解服务。

5. 手机信号、消防信号全覆盖

与通信、消防部门合作，实现手机信号、消防信号对步道系统的全覆盖，为安全救援、森林消防提供有力保障。

8.5.3 区域交通支撑

1. 乘火车、地铁、公交的登山者的交通组织（图8-54、图8-55）

昌平区火车站，包括昌平站、昌平北站、南口站；昌平山区地铁站，包括十三陵站、涧头西站；昌平山区公交站，包括快车总站等。

交通组织：地铁站、公交站、火车站→专用公交、摆渡车→综合服务驿站、服务驿站→（摆渡车、自行车）中转→登山步道入口。

专用公交站：整合已有公交线路，部分线路适当延伸，解决最后1km的问题，连接地铁站、火车站、快车总站与综合服务驿站、服务驿站。

摆渡车停靠站、自行车服务站：结合综合服务驿站、驿站设置，对接步道的主要入山口。

2. 自驾及乘团队大巴的登山者的交通组织（图8-56）

高速出入口：京新高速在十三陵、邓庄桥、西山口、德胜口（出口）设出入口，京藏高速在西关、南口镇、东园村（入口）、居庸关设出入口，京承高速在酸枣岭桥设有出入口。

交通组织：京藏、京新高速、京承高速出入口→皇家风景道→综合服务驿站、服务驿站→（摆渡车、自行车中转）→登山步道入口。

1）启动区停车位测算

启动区主要停车场现有停车位2400个。按年登山者100～200万人次，考虑不同交

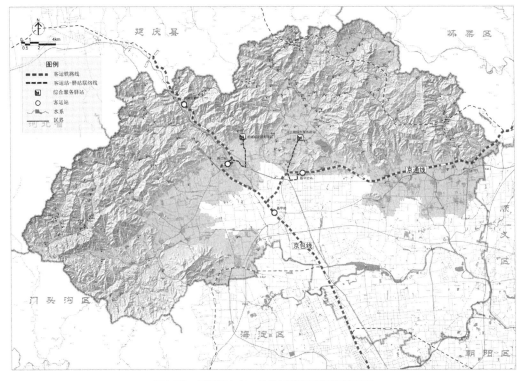

图8-54　昌平区火车、地铁线路与步道的关系图

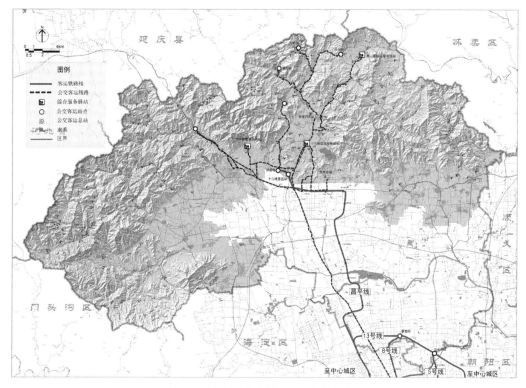

图8-55 昌平区公交线路与步道的关系图

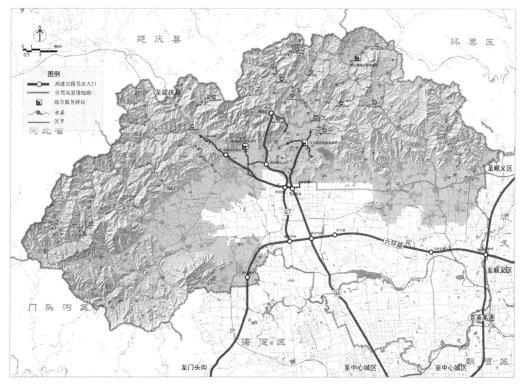

图8-56 区域快速通道与步道的衔接关系图

通方式的载客比例，现状停车场利用效率提高20%计，预计需新增停车位300个，其中十三陵镇140个，南口镇60个，延寿镇100个。停车位分布在综合服务驿站、二级驿站及部分民俗村。

2）交通管控引导措施

环十三陵水库公路单向行驶，将排水明沟改造为暗沟，进行路面改造。对旅游风景道上机动车交通，通过限速、分时段限制货车通行等方式进行管控引导。

8.5.4 产业联动富民

1. 运动体验类项目人均消费较高

依据2013年昌平A级景区人均花费统计数据，疗养度假类景区人均花费最高，达到291~527元/人；运动体验类景区人均花费较高，达到62~242元/人；观光游览类景区人均花费最低，为1~55元/人，其中明十三陵、居庸关长城人均花费分别为55元、45元（表8-15）。以国家登山健身步道为载体，促进运动体验类项目集聚发展，在昌平区延伸形成运动产业链。

2013年昌平A级景区人均花费比较表　　　　表8-15

类别	景区名称	级别	人均花费（元）
疗养度假类	温都水城	4A	291
	龙脉温泉疗养院	4A	527
运动体验类	中国北方国际射击场	3A	242
	洼子里乡情农艺园	2A	113
	奥林狩猎射击场	2A	62
观光游览类（高知名度）	明十三陵	5A	55
	银山塔林	4A	32
	居庸关长城	4A	45
观光游览类（一般知名度）	小汤山农业园	4A	12
	十三陵明皇蜡像宫	3A	21
	蟒山森林公园	3A	16
	棋盘山旅游开发有限公司	3A	28
	后花园风景区	2A	1
	敕赐和平寺	2A	11
	大岭沟猕猴桃谷风景区	2A	14
	虎峪自然风景区	2A	14
	十三陵双龙山森林公园	2A	3

2. 登山健身步道的综合带动功能（图8-57、图8-58）

品牌引领：以保护为前提，创建国家登山健身步道品牌，成为串联世界文化遗产、国家重点文物保护单位、国家风景名胜区、森林公园等品牌地的纽带，促进综合效益的链式聚合反应。

功能升级：以国家登山健身步道为触媒，促进观光游览→体验经济、运动赛事→健康产业、沟域经济→三产富民、文物瞻仰→心灵之旅。

产业融合：以登山健身拉动健康产业、户外运动产业、户外装备产业，带动第三产业和第一产业发展，促进富民增收。

价值链条：以登山健身串联分散的资源点，形成价值链，延伸旅游综合消费时间，提高综合效益。

图8-57 步道的综合带动作用图

图8-58 步道的串联带动作用图

3. 延伸时尚户外运动产业、健康产业

以步道为基础，延伸形成时尚户外运动产业链，开展陆地运动及单车运动、山地运动、机动车船运动、娱乐休闲及军体运动，发展时尚户外运动俱乐部，开展时尚户外运动培训、户外运动产品生产制作、展销及租赁服务。

依托昌平区优质的医疗资源、有机食品、登山健身步道等户外运动场地，培育形成健康产业链。

4. 带动旅游综合效益和富民增收

以昌平国家登山健身步道为纽带，串联带动A级景区、民俗村、观光农业基地与采摘园，延长旅游时间，增加消费点，提升旅游综合收益，成为山区富民增收的有力抓手（图8-59）。

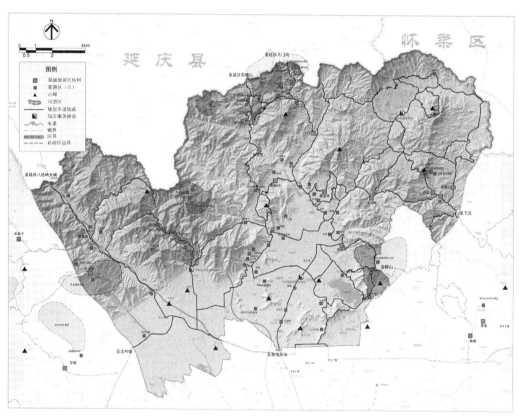

图8-59 启动区的民俗村、采摘园及相关资源分布图

步道带动32个村落及数百采摘园，其中市级民俗村12个，包括居庸关、永陵、德陵、景陵、献陵、庆陵、泰陵、长陵、昭陵、老君堂、黄泉寺、德胜口、悼陵监、长陵园、北新村、锥石口、麻峪房、碓臼峪、上口、下口、海子、东水峪、望宝川、西湖、湖门、花果山、黑山寨、辛庄、北庄、分水岭、南庄、慈悲峪等村落。

步道收益预测：昌平国家登山健身步道启动区建成后，预计年接待登山健身者100~200万人次，人均综合消费100~300元，则年收益为2~3亿元（表8-16）。

昌平国家登山健身步道收益的情景分析表　　　　表8-16

年接待人次（万人）	人均花费（元）	年收益（万元）
100	200	20000
100	300	30000
200	100	20000
200	200	40000

8.5.5 多元化拓展投融资渠道

1. 市级与区级政府投资

步道为公益性项目，步道建设与维护以政府投资为主，不收门票。步道规划建设经费、年度运营维护专项经费以区政府投资为主，并由区发改、旅游、体育、农业等部门申报市政府归口专项资金。

2. 多种方式调动社会资金

探索实行户外运动组织与户外装备公司分段承包步道及驿站建设（BOT），企业冠名赞助分段步道线路及驿站建设，A级景区分段承担步道及服务驿站建设等模式。

步道服务设施可以营利，如综合服务驿站、驿站、接待站、露营地等设施，提供停车、摆渡车、自行车、餐饮、户外装备、旅游商品、娱乐及住宿等，可以提供收费服务。

8.5.6 强化节庆与赛事营销

1. 强化昌平国家登山健身步道的营销力度

昌平区人民政府每年拨出专项宣传资金，面向北京市居民及国内外登山爱好者，通过网站、微博、微信、电视台、报刊等方式，宣传昌平国家登山健身步道品牌，营造国家步道品牌地形象。

2. 有序组织国际国内登山比赛及节庆活动

成为国际登山联合会（UIAA）会员国专业队伍的竞赛和训练地、国际山地户外运动指导员资格培训基地，举办国际市民体育联盟徒步大会（IVV）A级（休闲级）、B级（挑战级）赛事，举办国际自行车联盟（UCI）山地车比赛（越野赛）。联合国家体育总局登山协会，成为国家登山运动训练基地，每年举办中国登山户外运动技能资质大赛。吸引民间登山运动组织及队伍前来训练和竞技，成为登山健身爱好者最专业练习和竞技场地、全民健身运动理想场地。整合提升已有户外运动赛事，每年春、夏、秋季组织昌平国际登山比赛、登山趣味比赛。

8.5.7 构建昌平国家登山健身步道管理运营机制

构建区级领导协调、分镇划片维护、多元资金建设、专业公司运营、专业队伍保障（医疗、救援、防火、公安、救灾）、社会组织参与（步道协会、俱乐部、志愿者）的昌平国家登山健身步道管理、运营机制，保障昌平步道的有序运营管理，持续更新维护。

（项目负责人：丁洪建、贺剑；项目主管：周建明、岳凤珍；项目组成员：郭余华、李克鲁、石亚男、刘剑箫；项目领导协调：袁丽民、张凤英、吴彦玲）

第9章　北京市旅游休闲步道总体规划

9.1　总则

9.1.1　规划背景

1. 落实关于国民旅游休闲、全民健身中央新要求

2013年，国务院办公厅颁发的《国民旅游休闲纲要（2013—2020年）》指出，积极发展自行车旅游、自驾车旅游、体育健身旅游、医疗养生旅游、温泉冰雪旅游等旅游休闲产品，开发康体健身等旅游休闲消费产品。建设旅游休闲步道是北京市落实《国民旅游休闲纲要》的重要措施之一。

2014年，国务院印发《关于加快发展体育产业促进体育消费的若干意见》（国发[2014]46号），将全民健身上升为国家战略。

2015年，十八届五中全会公报提出了推进健康中国建设。

2. 适应2000万北京居民户外健身市场大发展

2014年，北京市常住人口2151.6万人，人均GDP1.6万美元。根据发达国家经验，人均GDP达到10000美元之后，居民生活方式和消费的兴趣点会发生转移，更加注重学习、体育以及休闲娱乐消费。

据北京大学中国社会科学调查中心发布《中国民生发展报告2014》，全国家庭医疗保健支出占家庭消费支出的比重为11%。据此推算，2014年北京市家庭医疗保健支出超过600亿元。

9.1.2　规划目的

（1）落实《国民旅游休闲纲要》，丰富北京市康体健康旅游产品。

（2）增加北京户外休闲游憩空间，提升居民健康水平和幸福指数。

（3）整合北京全市步道相关项目，构建首都旅游休闲步道系统。

（4）接轨国际标准和国际赛事要求，将旅游休闲步道建设成北京创建世界一流旅游城市的新名片。

9.1.3 规划范围

本次规划范围为北京市域，总面积为16410km²（图9-1）。

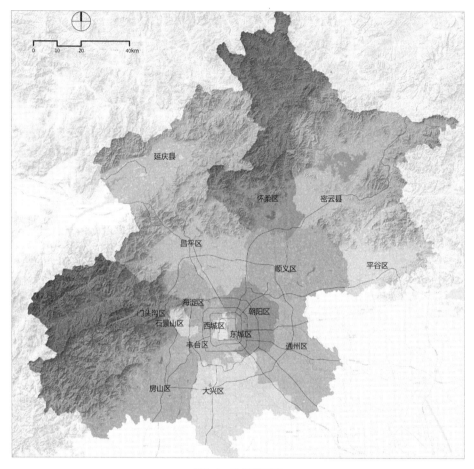

图9-1 规划范围图

9.1.4 规划对象

1. 步道定义

步道是以步行为主要方式，以户外休闲与旅游体验为目的的通道，部分路段兼容骑行等户外休闲与特色旅游交通方式。不同于景区游步道、历史街区游步道、商业步行街道，与健康绿道各有侧重，互为补充。

2. 步道分级

北京步道分为市级步道、区级步道两个层次，两级步道相互连通，形成有机整体。

（1）市级步道，是全市步道系统的骨架，串联全市大型景区、水系，延伸带动星级民俗村、传统古村落、特色景观旅游名镇名村，对增加北京市户外休闲游憩空间，丰富公共服务体系，提升居民健康水平和幸福指数具有重要意义。

（2）区级步道，主要起到承接市级步道的作用，延伸串联带动本区范围内的主要景区、旅游资源和特色村落，构建形成步道小环线，主要服务于本区居民及部分外来游客，并满足不同人群的细分需求。

3. 步道分类

根据依托的自然环境及其承载的功能，将北京市步道分为登山步道、滨水步道、历史步道、休闲步道、山地自行车道、连接步道等多种类型。

4. 步道构成

北京步道的构成包括步道路面、服务设施、标识系统等三类要素（表9-1）。

北京步道构成一览表　　　　　表9-1

序号	要素名称	要素分类	备注
1	步道路面	主路面	
		缓冲带	
2	服务设施	游客咨询服务中心	
		休憩设施	包括休息站、休息座椅、观景平台
		停车设施	包括机动车停车场、自行车停车场
		卫生设施	包括生态卫生间、垃圾桶
		安全设施	包括普通报警点、太阳能救援报警灯杆
3	标识系统	空间引导标识	包括连接步道路段标识、步道综合导览标识、步道沿线标识
		指示警示标识	包括服务设施、地形、地物、路况指示标识和警示、禁止标识
		地面标识	包括北京步道LOGO、方向指示

5. 步道功能

北京步道重点服务于北京市民，满足市民的户外休闲、郊野游憩及旅游深度体验的需要，同时服务于部分京外游客，满足其户外运动旅游、康体健康旅游和开展户外休闲运动项目的训练、培训、交流及比赛的需要。

根据串联的大型景区、水系和民俗旅游资源特征，结合不同人群的细分需求，将步道赋予山野远足、探险拓展、自然科普、人文体验、家庭亲子、养生健康、亲水游憩、田园休闲等主题功能。

9.1.5　规划层次与任务

北京步道规划及其下一步深化方案的工作任务分为以下三个层次。

1. 全市步道规划

确定全市步道主线,提出各区的市级步道指引,并衔接市级绿道与区域综合交通。这是本次规划的工作内容。

2. 各区步道规划

深化落实各区的市级步道线路及服务设施布局方案,确定各区范围内的步道线路、步道功能、步道材质构成,确定步道服务设施体系布局方案。

3. 示范路段步道设计

确定示范路段的步道线路及服务设施具体布局方案,明确步道线路主要拐点的坐标,设计不同材质步道的敷设方案,明确服务设施节点的坐标,确定休息站、观景平台、安全救援设施、标识系统等设计方案。

9.1.6 规划依据

1. 标准规范

《国家登山健身步道标准(修改稿)》作为本次规划的依据之一,并参照海内外成熟的步道规划建设经验。

2. 北京市有关规划

《北京城市总体规划(2004—2030)》《北京市市域绿地系统规划》《北京市生态控制区规划》《北京市级绿道系统规划》等,作为本次规划的重要依据(图9-2~图9-4)。

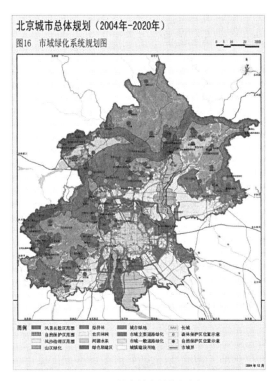

图9-2 北京城市总体规划

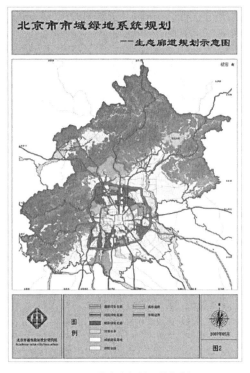

图9-3 北京市绿地系统规划

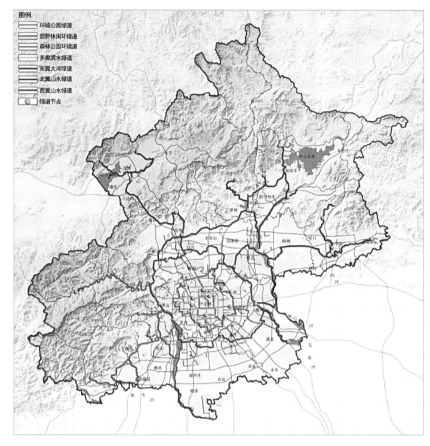

图9-4 北京市级绿道系统规划

9.2 发展定位

9.2.1 现状基础

1. 步道建设

2013年顺义区编制了《顺义五彩浅山国家登山健身步道规划》，门头沟区编制了《门头沟国家步道系统规划》；2014年昌平区编制了《北京昌平国家登山健身步道规划》，并着手示范区一期步道的建设。

目前已有多个区举办了多届徒步大会、登山比赛等。昌平区已举办十余届徒步大会，如TNF徒步大会、善行者徒步大会；顺义区举办了3届顺义国际登山比赛；门头沟区举办了5届国际徒步大会。此外，平谷区、怀柔区举办了国际徒步大会，房山区举办了国际长走大会，海淀区举办了健康徒步大会等。

1）门头沟步道

2013年发布《门头沟国家步道系统规划》，提出打造总长270km的国家步道，以京西古道群为主体，串起妙峰山、灵山、潭柘寺等景区和30余个古村落（图9-5）。一期建设步道130km，投资约1.5亿元。建设西山大路古道、天津关古道（黄草梁）、石洋沟古道三条线路，主要用于建设停车场、转运系统、标识标牌、步道修缮、垃圾处理、景观小区打造、休息座椅、应急救援等配套设施。

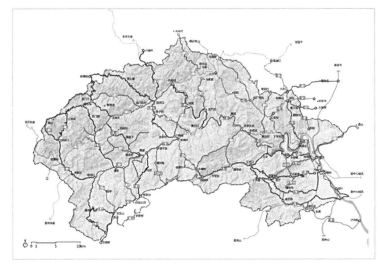

图9-5　门头沟国家步道线路系统图

2）顺义五彩浅山国家登山健身步道

顺义五彩浅山国家登山健身步道规划一期规划140km，包括"2条主线+10个环线"，串联旅游资源、项目及民俗村落（图4-2）。规划配套完善的步道设施体系，包括休息站、接待站、露营地、报警点、救援设施、标识系统等，并提出系统的步道及配套设施建设标准。2013年4月顺义区区长办公会审查通过步道规划。五彩浅山国家登山健身步道一期投资3亿元，于2013年9月建成125km不同材质的步道，配套部分设施。2013年9月29日举办首届北京顺义国际登山比赛。

3）昌平国家登山健身步道

昌平国家登山健身步道启动区规划"2主线+7环线"步道空间结构，步道长270km，串联十三陵镇、南口镇、延寿镇的主要旅游资源、项目及民俗村落，形成国家登山步道系统，目前正着手一期步道的建设（图8-6）。针对不同人群需求，分别构建0.5~1天、1~2天、2~3天的主题登山健身游程，总计提供7~15天登山健身游程。

2. 主要问题

1）路面建设，缺少规范

现有步道的宽度、缓冲带、材质及台阶设置与《国家登山健身步道标准（修改稿）》及国际上有代表性的步道经验等存在较大差距。

2）设施配套，相对匮乏

步道标识缺乏规范统一，休息站、接待站、安全救援系统欠缺，步道设施难成体系，建设标准低。

3）多方建设，分割运营

同一区片分属不同单位管辖，不同管理主体设置的步道之间难以形成串联对接。

4）多头管理，各自为政

目前步道建设涉及旅游、体育、商务、水务等多个部门，市级主管部门有待明确。在道路绿化带、河道堤路以内设置步道，由路政、城市规划、水务、旅游等多个部门交叉管理。

9.2.2 目标定位

借鉴美国国家步道系统建设经验，依托北京优良的山水地势、旅游资源及生态环境，结合创建世界一流旅游城市的目标定位，突出资源整合、景区提升、城（镇、村）景统筹，兼顾保护与利用，强化主题与功能复合，形成以北京市为特点，在全国具有引领示范作用的步道系统，将北京步道建设成为旅游之路、休闲之路、健康之路、富民之路、幸福之路。

9.2.3 市场定位

重点市场：2000余万北京常住人口及旅居国际人士。以中青年运动健身人群为主体，兼顾中老年养生保健人群和青少年科普教育人群需求。

基础市场：京外的国际国内户外休闲运动爱好者。

潜力市场：访京的休闲度假游客。

9.3 发展条件

9.3.1 以山为基：康体健身休闲旅游

北京地势西北高耸，东南低缓。西部是太行山山脉余脉的西山，北部是燕山山脉的军都山，两山在南口关沟相交，称为"北京湾"，其余为北京小平原。环绕西山、军都山，涵盖山区、浅山区，构建康体健身旅游休闲带，丰富户外游憩与休闲运动空间。

高程分析：北京市平均海拔43.5m。北京平原的海拔高度在20~60m，山地一般海拔1000~1500m。最高海拔2200m，位于北京西部、毗邻河北交界处（图9-6）。

坡度分析：坡度为0~5%的地段主要位于平原区，坡度为5%~15%的地段主要位于山前地区，坡度15%~25%的地段在山前地区、北部山区和西部山区均有分布。坡度5%~25%的地段是步道的主要备选地区；25%以上的地段若建设步道，须设台阶（图9-7）。

172 下篇 步道规划实例

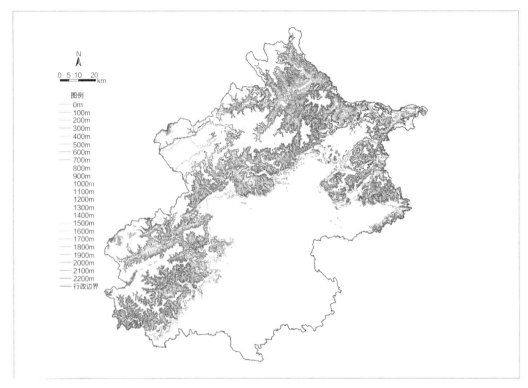

图9-6 高程分析图

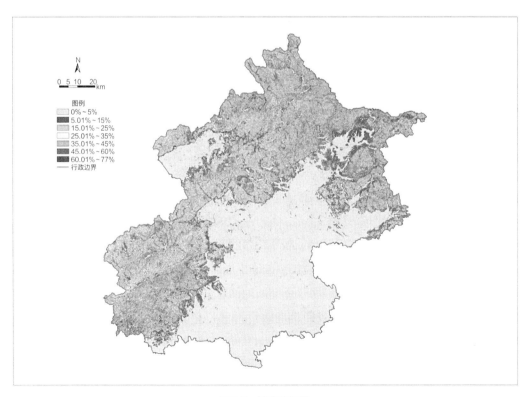

图9-7 坡度分析图

9.3.2 以水为廊：滨水游憩休闲旅游

北京天然河道自西向东贯穿五大水系：拒马河水系、永定河水系、北运河水系、潮白河水系、蓟运河水系。多由西北部山地发源，向东南蜿蜒流经平原地区，最后汇入渤海（图9-8）。

北京没有天然湖泊，全市有水库85座，其中雁栖湖、金海湖、密云水库、官厅水库、怀柔水库、十三陵水库等，具有较高的知名度和旅游价值。

永定河、北运河、潮白河、拒马河等水系和金海湖、雁栖湖等水体，是滨水步道线路的备选地区。

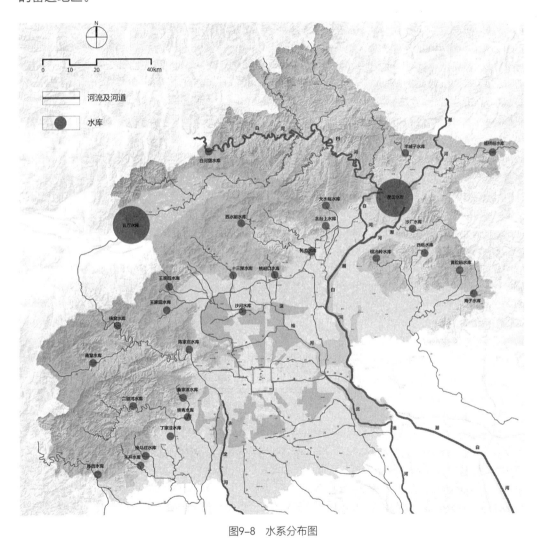

图9-8 水系分布图

9.3.3 以文为脉：历史文化体验旅游

以世界文化遗产（长城北京段、明十三陵、大运河北京段）和有代表性的古驿道（京西古道）为空间脉络，将步道与长城旅游带发展相融合，串联带动沿途景区、景点及民俗村，寓历史文化教育、文化体验于旅游过程之中。

以文物保护为前提，步道可以串联世界文化遗产类景区、已经旅游开发的长城遗址，但不得直接连接尚待采取保护措施、不适宜旅游开发的文物资源，应遵守长城及其他文物的保护要求（图9-9）。步道的路面设置和服务设施配套应与长城及其他文物保护单位的风貌相协调。

京西古道的修复和修建应与其历史风貌保持一致，采取历史工艺和材质，不得大拆大建（图9-10）。

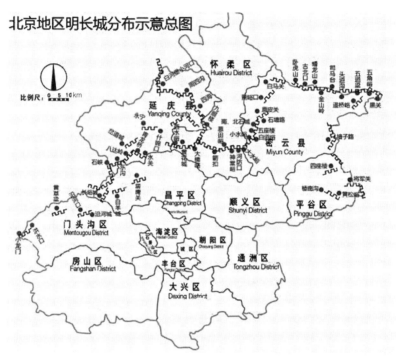

图9-9　明长城分布示意图

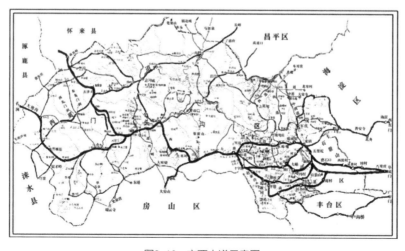

图9-10　京西古道示意图

9.3.4 以景（区）为珠：旅游综合价值提升

以步道为纽带，尽量串联更多的A级景区、景点，符合不同人群的细分需求，形成多元化旅游线路，延长旅游时间，增加旅游消费，提高旅游综合效益。

A级景区（图9-11）、风景名胜区、地质公园、森林公园、湿地公园、郊野公园及其相关联的空间是步道线路的备选地区。

图9-11　A级景区分布图

9.3.5 以村为本：旅游促进富民增收

步道尽量延伸串联更多的民俗村（图9-12），触及特色田园风光地区，促进发展田园休闲与乡村度假旅游产品，带动发展乡村旅游新业态，促进乡村地区扶贫脱贫，成为旅游富民增收的重要抓手。

9.3.6 绿道对接：衔接区域交通体系

步道与市级绿道衔接，将市级绿道作为步道与中心城、新城的联络线。高速公路、环路、国道是北京居民自驾出游的便捷通道，实现步道与区域快速通道相衔接（图9-13）。

176 下篇 步道规划实例

图9-12 民俗村分布图

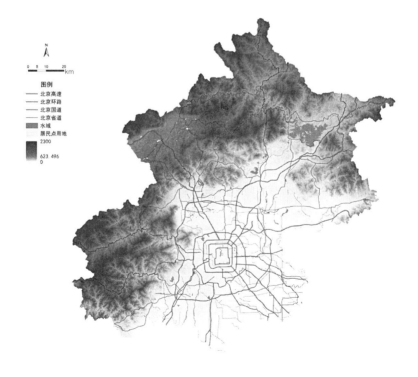

图9-13 主要公路分布图

9.4 空间布局

9.4.1 空间结构

依托优良的山形地势、河流水系、绿地林带、自然与人文资源，在全市构建"两环、两带、多廊"的步道空间结构（图9-14，彩图41）。

1. 两环

分别为北京营城建都步道环线和沿六环森林公园、郊野公园、第二道绿化隔离地区及水系，形成步道环线。

2. 两带

在山前、浅山区形成山地自行车运动休闲带，在山区以历史步道为主要脉络形成登山健身运动休闲带。

3. 多廊

沿永定河、潮白河、京杭大运河等水系，构建滨水步道廊道。沿旅游风景道形成多条自驾游廊道，实现步道系统与区域快速交通通道的衔接。

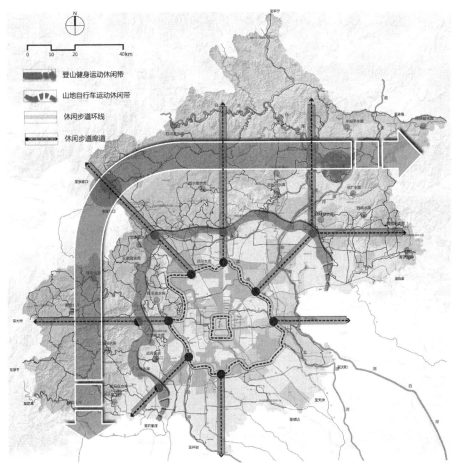

图9-14　北京市步道系统空间结构图

9.4.2 总体布局

北京市步道系统总体布局如图9-15、彩图42所示。

步道长度：北京步道骨干线路总长度达到3000km以上。

步道布局：由16个区县的步道构成。

步道类型：包括登山步道、历史步道、滨水步道、森林步道、休闲步道及旅游风景道等多种类型。

交通方式：以步行为主，兼顾骑行、骑马、轮滑等旅游交通方式，由旅游风景道（自驾）与高速公路、环路等区域快速交通通道相衔接。

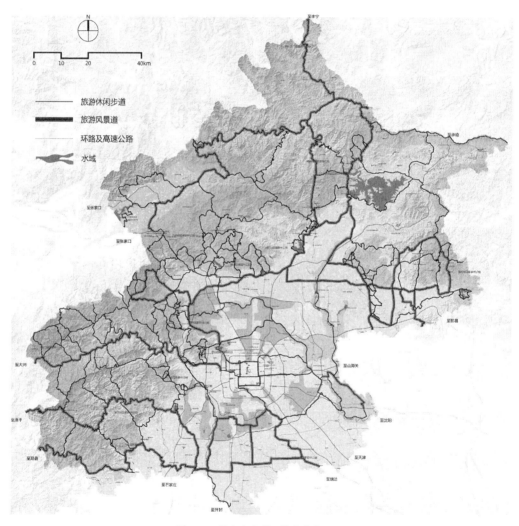

图9-15 北京市步道系统总体布局图

9.4.3 分类指引

1. 登山步道

空间布局：以山区和浅山区为主。

步道功能：以登山健身、户外休闲运动功能为主。

路面设置：路宽以1.5～2.0m为主，步道纵坡为5%～25%为主，超过25%以上须设台阶。步道以单独设置为主，一般不与机动车道兼容。

材质构成：分为砾石道、碎石道、石板道、木栈道、落叶步道、台阶（木制、石制、石木混制、土木混制）等类型。

配套设施：包括休息站、接待站、露营地、安全救援设施、标识系统（含导览图及途中指示标识）、摆渡车站、观景平台、生态卫生间等。

细化引导：区县细化主线、辅线、支线，形成环线。

北京登山步道主线布局如图9-16所示。

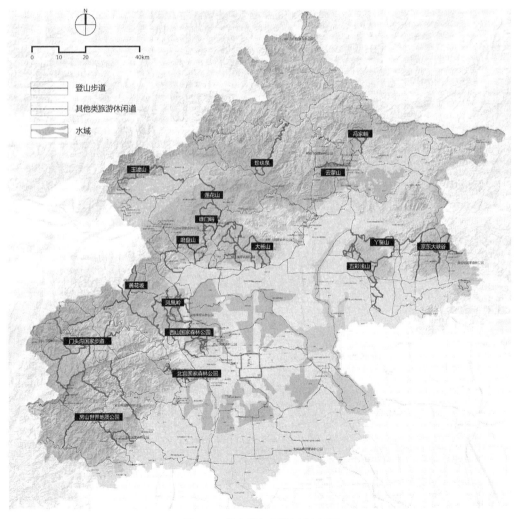

图9-16 北京登山步道主线布局图

2. 滨水步道

空间布局：以河湖、水库及湿地滨水地区为主。

步道功能：以滨水休闲、亲水游憩功能为主。

路面设置：路面宽度以1.5~3.0m为主，步道纵坡以5%~15%为主，坡度超过25%的路段须设台阶。以在堤路以内设置步道为主，路面高程须在最高洪水位线以上，一般不与机动车道相兼容。

材质构成：分为木栈道、石制与土制路面以及台阶（木制、石制）等类型。

配套设施：包括游客中心、休息站、观景平台、接待站、露营地、标识系统、摆渡车站、旅游厕所等。

细化引导：区县细化线路、设施布局及断面形式。

北京滨水步道主线布局如图9-17所示。

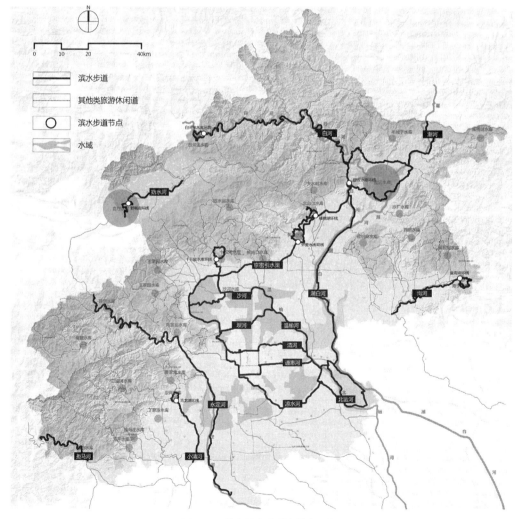

图9-17 北京滨水步道主线布局图

3. 历史步道

空间布局：依托世界文化遗产（长城、大运河、十三陵）、京西古道等，形成历史步道脉络。

步道功能：以历史体验、文化教育旅游功能为主。

路面设置：以文物保护为前提，长城沿线步道宽度、材质应与长城保护要求相符合；大运河沿线步道以1.5～3.0m为主，步道纵坡以5%～15%为主，超过25%以上的路段须设台阶；京西古道沿线步道建设应与其历史风貌相一致。

材质构成：分为砖制、石制、土制路面和木栈道以及台阶（木制、石制、砖制）等类型。

配套设施：包括游客中心、休息站、观景平台、接待站、露营地、标识系统、摆渡车站、旅游厕所等。

细化引导：区县细化线路、设施布局及断面形式。

北京历史步道主线布局如图9-18所示。

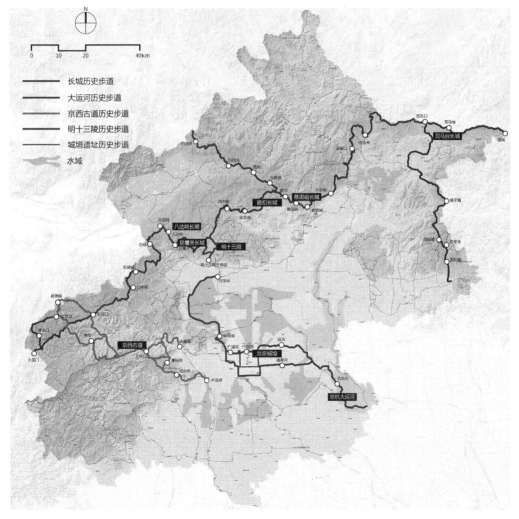

图9-18　北京历史步道主线布局图

4. 山地自行车道

空间布局：以浅山区、山区适合山地自行车骑行的路段为主。

步道功能：以山地自行车骑行健身、比赛为主。

路面设置：路面宽度以2.5～4.0m为主，山地自行车道的比赛段的路面宽度设计应遵守《UCI自行车山地赛规则》等规范。

材质构成：分为石制、土制、木制路面等类型。

配套设施：包括游客中心、换乘系统、观景平台、接待站、露营地、标识系统（骑行标识及指示）、摆渡车站、旅游厕所等。

细化引导：区县细化线路布局、路面材质、断面形式以及配套设施布局。

北京山地自行车道主线布局如图9-19所示。

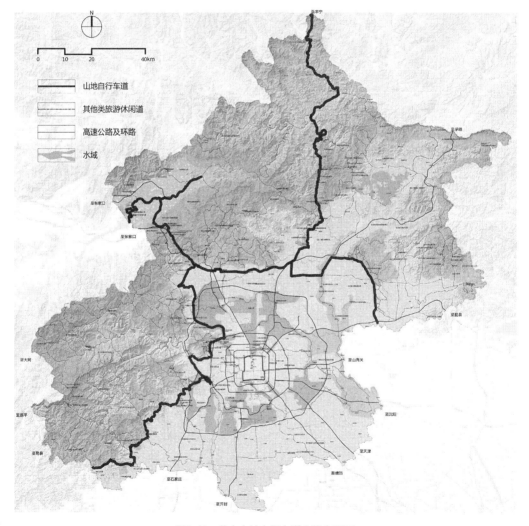

图9-19　北京山地自行车道主线布局图

5. 旅游风景道

空间布局：依托景观效果优良的国道、省道及最美乡村道路等设置自驾游风景道。

步道功能：以自驾游、风景观光功能为主。

路面设置：路面宽度不低于8m，符合城乡公路的规划建设要求，一般道路两侧设置绿化景观带，并与周边山水生态环境相协调。

材质构成：以沥青、石制路面为主，少数山洪易冲刷路段以混凝土路面为主。

配套设施：包括游客中心、停车场、加油站、汽车营地、标识系统、交通转换系统、观景平台、旅游厕所等。

细化引导：区县细化线路及设施布局、断面形式。

北京旅游风景道主线布局如图9-20所示。

森林步道、休闲步道、骑马道、轮滑道等线路布局在区县层面进一步深化。

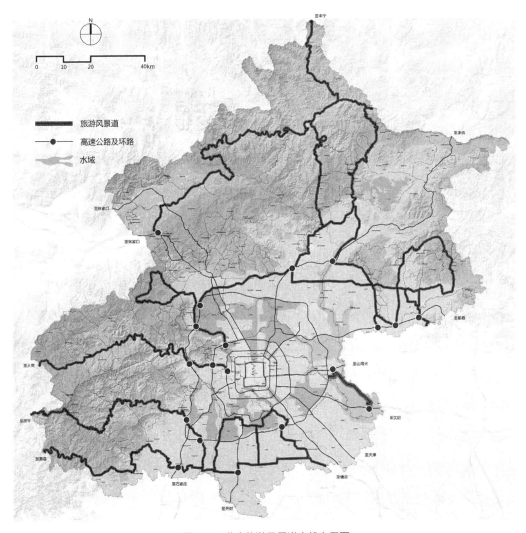

图9-20 北京旅游风景道主线布局图

9.4.4 绿道对接

步道在建设目的、空间依托、交通方式、路面宽度、道路断面、设施配套等方面不同于健康绿道，步道与绿道在不同空间上通过不同的建设方式进行对接。

1. 空间对接

1）滨水区

滨水步道主要位于河湖、水库沿线，以路面新建、旅游设施配套为主。滨水步道在山区的线路比绿道更为丰富，在平原区与部分绿道相邻近。

一般而言，绿道主要依托堤岸硬化路面设置，而步道主要在堤内设置，体现亲水、徒步、游憩的功能，一般不与机动车道兼容。

2）平原区

在平原区，步道与部分绿道在空间上存在部分交集。在步道与绿道存在交集的路段，依托绿道，以跟进增设步道路面，配套旅游服务设施为主。

3）山区

山区和浅山区是步道建设的空间重点，基于现状步道基础，通过新建、改造步道，构建步道小环线，配套完善的旅游服务设施。

绿道纵坡一般为0~5%，主要依托山区公路进行设置，而步道纵坡一般为5%~25%，坡度超过25%的路段须设台阶。

2. 建设对接

1）路面改进型

依托郊野绿道的单一骑行功能的自行车道，在其一侧或两侧设置宽1.5~2.0m的步道。因受限于绿道纵坡的技术要求，步道纵坡一般为10%以下（图9-21）。

2）路面新增型

在郊野绿道的单一骑行线路的局部地段，新增设置步道线路，形成步道支线或小环线，并留有与绿道的对接处（图9-22）。

3）设施完善型

不改动绿道路面，对绿道跟进完善旅游服务设施，考虑步行需求特点以及安全救援等因素，配套休息站、安全救援设施、标识系统、观景平台、生态卫生间等（图9-23）。

图9-21 路面改进型示意图

图9-22 路面新增型示意图

图9-23 设施完善型示意图

9.5 试点方案

9.5.1 试点方案工作流程

按照有利于集中资金、尽快示范建设的原则，每年选择2~3个区级行政单元作为示范区，选择2~3个路段作为示范路段，总结可复制的步道建设经验，向全市推广。

（1）确定示范区。由各区县提出申请，提供各区步道规划方案，明确拟申报示范路段的线路及配套设施布局。由领导、专家组成评审委员会，经审查通过之后，成为示范区。

（2）确定示范路段。由示范区提出申请，提供示范路段步道设计方案，经评审委员会审查通过之后，成为示范路段。

（3）专项资金支持。由示范区县提出申请，提供示范路段建设资金估算方案，经评审委员会审查通过之后，批复启动建设资金。

（4）申请竣工验收。示范路段建成后，示范区提出竣工验收申请，经评审委员会查验通过，完成资金支付。

北京步道试点方案工作流程如图9-24所示。

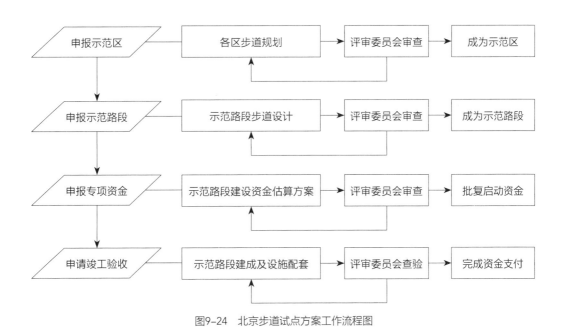

图9-24 北京步道试点方案工作流程图

9.5.2 区县步道规划

示范区需进一步编制《×××区步道规划》，按照北京市步道总体规划框架，基于1∶10000地形图，将各区步道规划分为两个层次（图9-25）：

1. 规划区

明确各区范围内步道主线、综合服务基地及区域交通的衔接。

2. 示范区

明确步道建设示范区，在示范区内确定步道主线、辅线、支线，形成小环线，串联景区、景点及民俗村；对接目标人群需求，细化不同主题、不同功能的步道线路布局，细化高、中、低难度的步道线路布局，细化不同材质的步道线路布局，细化步道、山地自行车道、骑马道、轮滑道、旅游风景道的线路布局，细化新建、改造、完善步道的线路布局。

构建完善的步道设施体系，包括旅游综合驿站、休息站、驿站、接待站、安全救援设施及标识系统等。

提出建设标准指引，明确不同类型的步道及配套设施的建设标准指引。

确定示范路段的线路布局、功能定位、材质类型，确定配套设施的类型、数量及布局。

提出步道系统构建、产业联动富民、赛事组织及运营维护等保障措施。

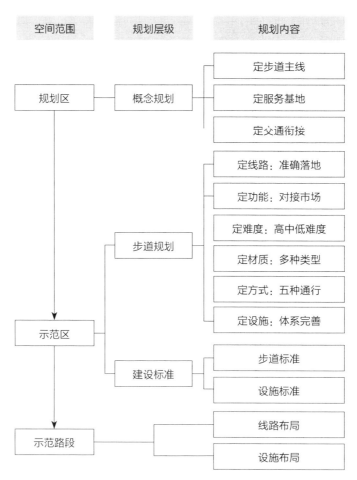

图9-25 各区步道规划的主要内容

9.5.3 示范路段步道设计

示范区将基础较好、带动潜力较大的步道线路申报为示范路段。示范路段需进一步编制《示范路段步道设计》，其主要内容为（图9-26）：

基于1：500～1：2000地形图，确定示范路段的线路及设施具体布局。

明确步道线路主要拐点的坐标，确定步道交叉点的坐标，设计不同材质步道的横断面、纵断面及其敷设方案。

明确步道配套设施的节点坐标，确定休息站、观景平台、安全救援设施、标识系统的设计方案，对其他配套设施提出设计指引。

提出示范路段步道建设投资估算、维护资金估算及融资策略。

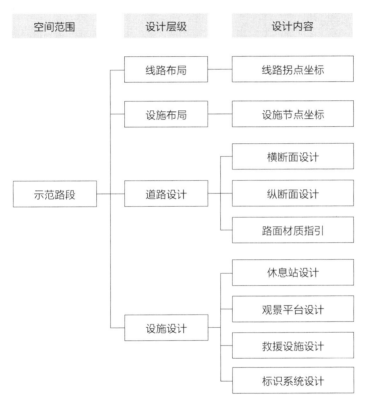

图9-26 示范路段步道设计的主要内容

9.6 建设标准

9.6.1 步道路面

1. 步道宽度

步道路面由主路面与两侧缓冲带构成。主路面宽度应为1.5～4.0m；两侧或单侧缓冲带每侧宽度不小于20cm，缓冲带表面应有植被覆盖。根据实际情况配置防护栏等安全措施。

1.5～2.5m宽的步道应以设置台阶、路障等方式限制机动车进入；4.0m宽的连接步道若允许机动车通行，应设置限速、减速设施和提示警示标牌。

典型步道路面宽度见表9-2所列。

典型步道路面宽度一览表 表9-2

步道宽度	通行功能	路面宽度
1.5m宽步道	两人并行或双向对行	主路面宽1.5m，缓冲带不小于20cm
2.5m宽步道	三人并行或双向对行，或者步行为主兼顾骑行	主路面宽2.5m，缓冲带不小于20cm
4.0m宽步道	五人并行或双向对行，或者两人并行、双向对行兼双向骑行	主路面宽4.0m，缓冲带不小于20cm

2. 步道材质

（1）土石道。原有道路经简单修整而成，要求路面上行走时无大尘土，路面无大块砾石、碎石，路面不积水。步道坡度超过25%的路段须设台阶，缓冲带表面应有植被覆盖。

（2）木栈道。根据建设条件和滨水景观需要，经相关部门许可，采用木栈道方式。使用经防腐处理的木质材料铺设修建，使用年限为5~7年。根据实际配置防护栏等安全措施。

（3）碎石道。步道路面使用碎石铺设修建，步道坡度超过25%的路段须设台阶，缓冲带表面应有植被覆盖。若步道线路借用山间防火带，坡度小于25%、侧倾小于15%的原始路面可直接利用；若坡度大于等于25%或侧倾大于15%，可将路面进行修整或在旁侧修建新路。

（4）砾石道。由砾石呈轨道状铺设，厚度一般不超过15cm，路心主要用直径范围在6~10cm的砾石铺建，两侧用直径范围在6cm以下的砾石铺建，以便于排水。

（5）石板道。步道路面采用石板铺设修建，石板大小、长宽可以灵活，厚度应为8~15cm，石板表面应作防滑处理。

（6）间隔石道。采用长度50cm以上的条状石板或石块呈间隔状在路基上分布铺设，缓冲带表面应有植被覆盖。

（7）台阶。步道坡度超过25%的路段须设台阶，台阶材质应结合所在路段情况合理设置，分为石制、木制、石木混制、木土混制台阶等类型。台阶设计应考虑老幼人群的使用，每级台阶的宽度不低于20cm，长度不低于150cm，步高15~30cm，每15~25级台阶设置一处休息平台，休息平台进深不低于120cm。

（8）硬化路。连接步道可参照市级绿道的建设标准，采用彩色沥青或透水混凝土路面，若路侧设置步行路面，可采用透水砖，但路面整体宽度不超过4m，路侧不新设绿化带。

3. 步道纵坡

步道选线应因山就势，与现状地形的坡度相协调，步道应具有一定的坡度，单位距离（500m）平均坡度不应为0，应以0~25%为宜，最大纵坡不宜大于40%，其中超过25%的路段须设台阶。

4. 步道横坡

步道基床应向外倾斜2%~8%，理想坡度为5%，便于自然降水的顺利排出，确保有利于水土保持，减少后期维护成本。

步道避免经过险峻及急剧升高的地形，选择排水条件较佳及较稳定阶梯的平地，必要的路段应设置排水沟或涵洞。步道的横坡处理，以全挖方步道比较稳定，后期维护较少；若采取部分挖方、部分填方的施工方式，切忌填方松软。

5. 步道形态

（1）线状步道，即一条拥有独立起点、终点（相互不重合）的步道；

（2）环状步道，即一条步道形成一个闭合的环形；

（3）网状步道，即多条步道交错，形成网状步道系统。

9.6.2 服务设施

1. 服务设施类型

由游客咨询服务中心、休憩设施、停车设施、卫生设施、安全设施组成（表9-3）。

步道服务设施一览表　　　　　　　　　　　　　　　　表9-3

设施类型	设施小类
游客咨询服务中心	游客咨询服务中心
休憩设施	休息站
	休息座椅
	观景平台
停车设施	机动车停车场
	自行车停车场
卫生设施	生态卫生间
	垃圾桶
安全设施	普通报警点
	太阳能救援报警灯杆

2. 游客咨询服务中心

游客咨询服务中心提供信息、咨询、讲解、教育等服务和休息、停车、卫生等设施，尽量依托已有服务设施设置。

游客咨询服务中心的构成见表9-4所列。

游客咨询服务中心构成表　　　　　　　　　　　　　　表9-4

选址要求	在规划建设过程中，优先利用现有建筑资源建设
风格要求	建筑风格、外围环境应与步道整体景观风格协调一致

续表

设置地点		尽量结合大型景区、镇村现有旅游服务设施等设置
占地面积（m²）		≤90~360
服务功能	游客服务	●
	餐饮售卖	●
	治安消防	●
	医疗救助	●
	紧急求助	●
	科普教育	●
休憩设施	文体活动场地	○
	休憩点	●
停车设施	机动车停车场	●
	自行车停车及租赁维修	●
卫生设施	卫生间	●
	垃圾桶	●
配套服务设施	通信设施	○
	充电设施	○

注：●为应设，○为可设，—为不做要求。

3. 休憩设施

（1）休息站。为使用者提供途中休息、简单补给服务，一般为休息亭，主要设置在长距离地形变化较大处，如长坡的起点、终点等。休息亭的地基采用天然毛石材料或木质铺面，梁柱及屋顶框架采用木材，木材经防腐处理，配置休息廊椅，设置必要的挡土墙及入站台阶。

（2）休息座椅。为使用者提供途中坐下休息服务，一般配置直线形座椅或一桌四椅。

（3）观景平台。在景观与观景效果较好处，结合场地条件，因地制宜设置观景平台。观景平台地基基础采用天然毛石材料或木质铺面，配设安全护栏，一般采用防腐木材。

4. 停车设施

（1）机动车停车场。机动车停车场应充分利用步道所经区域附近已有的社会停车空间，实现资源共享，利用明确的标识引导，增加步道沿线的停车空间。除与游客咨询服务中心结合设置的停车场外，步道沿途也可根据条件设置小规模停车场地。停车场应以林荫停车场、生态停车场为主要建设方式。停车场的出入口应设立醒目的标志，并设置减速带。

(2)自行车停车场。自行车停车场的设置应本着便捷使用的原则,除游客咨询服务中心设的自行车停车场外,步道沿线各休闲活动场地、景观节点及生态卫生间,都应设置自行车架,避免乱停车现象。根据游人量及步道所在区域的管理水平,逐步推广电子租(停)车设施,实现自动租还车,统一进行系统管理。

5. 卫生设施

(1)生态卫生间。综合考虑步道所在区域、游人量、现有卫生设施等因素,在步道沿线设置必要的生态卫生间,为减少人工维护成本,可设置太阳能式微生物降解型生态卫生间。根据旺季游人量,在间隔较长的路段设置可移动卫生间进行补充调节。

(2)垃圾桶。步道沿线应按照合理间距设置垃圾箱。垃圾箱的形式应统一,材料应优先选用耐久型、与周边环境相协调、易于维护的材料。

6. 安全设施

(1)普通报警点。依靠自然环境设立报警标识,采用石质或木质立柱,在其高处设立反光标识,具体求援指导信息应刻于或镶嵌于距地面1.5m位置处,配套报警标识牌,标有求助电话、报警点编号、临近路线指示等基本信息。

(2)太阳能定位报警点。即野外应急救援辅助定位系统器具,救援灯杆高6~8m,灯杆的底座为太阳能蓄电池,底座的上方为手机充电接头,充电接头往上的位置设立标识牌,标识牌上面应注明灯杆的编号,灯杆的最顶端为警示灯,在夜间频闪发光。

7. 服务设施布局标准

明确各类服务设施的设置间距的上限和下限,控制服务设施的数量与布局,防止服务设施泛滥或不足(表9-5)。

步道服务设施布局标准一览表　　　　表9-5

设施类型	设施小类	布局标准
游客咨询服务中心	游客咨询服务中心	间隔5km以上
休憩设施	休息站	间隔1~3km
	休息座椅	间隔200~500m
	观景平台	间隔1~3km
停车设施	机动车停车场	间隔5km以上
	自行车停车场	间隔5km以上
卫生设施	生态卫生间	间隔1~3km
	垃圾桶	间隔200~500m
安全设施	普通报警点	间隔1~3km
	太阳能救援报警灯杆	间隔3~5km

8. 服务设施用地标准

明确各类服务设施的占地面积的上限，控制服务设施的用地规模，尽量利用存量建设用地，不占耕地和基本农田，少占或不占建设用地指标。

各项服务设施应科学设置，合理布局，尽量避免集中连片建设。因功能配套确需相互结合进行建设的，最大面积不得超过360m²（表9-6）。

步道服务设施用地标准一览表　　　　　　表9-6

设施类型	设施小类	占地面积
游客咨询服务中心	游客咨询服务中心	不超过360m²
休憩设施	休息站	不超过20m²
	休息座椅	不超过2m²
	观景平台	不超过20m²
停车设施	机动车停车场	不超过360m²
	自行车停车场	不超过200m²
卫生设施	生态卫生间	不超过50m²
	垃圾桶	不超过2m²
安全设施	普通报警点	不超过2m²
	太阳能救援报警灯杆	不超过2m²

9.6.3　标识系统

1. 步道标识类型

标识系统应科学布局、统筹设置，为使用者提供空间指引、提示警示等服务。采用统一的标识体系和形式母版，一般采用木质或石质材质。标识内容应具有统一、易识别的特点，严格执行道路标识等规定。

2. 空间引导标识

（1）连接道路标识。在公路与步道转换处，依托公路设置用于指示步道信息的标识牌，标明步道路段的名称及方向。应遵守《道路交通标志和标线》（GB 5768—2009）有关尺寸、颜色及字体要求。

（2）综合导览标识。一般依托游客咨询服务中心、休憩设施、停车设施结合设置，或设置于步道入口处。应标明区域情况、步道线路、服务设施位置、重要景点分布、交通接驳点位置、当前位置、管理说明、区界位置及必要的指示、警示等内容。

（3）步道沿线标识。在步道转折点、交叉点和易迷路的途中点，设置用于指示方向的标识牌，标明步道相邻地点的名称、方向、距离及必要的提示、警示内容。

3. 指示警示标识

（1）对象指示标识。在步道沿线，设立指示服务设施、地形、路况等基本情况的标识。

（2）警示禁止标识。是警示、禁止类信息等的标识载体，适用于近距离的信息提示，其中起警示作用的提示牌需要在危险路段前80～100m处设置。

4. 地面标识

（1）北京步道LOGO。即北京市步道采用统一规范的标准图案，由几何图形、北京地名、英文简称（BTS）组成。

（2）方向指示标识。在步道入口处或者转折处，基于硬质路面或单独铺设的石板，采用雕刻、漆装喷涂的方式，指示前进方向。

9.7 实施保障

9.7.1 制定北京步道规划设计标准

明确北京步道的概念、建设目的、意义、空间特点、步道类型、服务设施类型，以及与健康绿道等相关道路的区别。

明确北京步道规划的层次与任务，确定不同层次规划的主要内容、技术路线、资料搜集、底图要求、空间分析技术、成果深度、图集要求等，对各区步道规划、示范路段步道规划设计的方案深度及成果质量提出明确的要求，指导全市步道规划设计及建设工作。

9.7.2 推进各区编制步道规划设计方案

1. 编制各区步道规划方案

推进各区组织编制全区步道规划，明确各区范围内的步道主线、辅线、支线，串联景区、景点、民俗村，形成小环线；明确示范区步道的分功能、分主题的线路布局，细化不同难度、不同材质、不同交通方式、不同建设方式的步道线路布局；明确配套设施的类型、数量及布局方案。

2. 编制示范路段步道设计方案

推进各区组织编制示范路段步道设计方案，明确示范路段的线路及设施具体布局，明确步道线路主要拐点的坐标，设计不同材质步道的断面；明确配套设施的节点坐标，确定休息站、观景平台、安全救援设施、标识系统的设计方案。

9.7.3 多方争取步道建设与维护资金

1. 市级与区级政府投资

申请北京市发展改革委员会基础设施资金，用于支持北京市步道路面工程建设；申请北京市旅游发展委员会旅游产业专项资金，用于支持北京市步道配套设施建设；申请预留年度资金，用于北京市步道的运营与维护。

各区人民政府配套步道的建设与维护资金，各区发改、农业、园林、体育等部门申报市政府相关专项资金跟进配套。

2. 多渠道调动社会资金

探索采取户外运动组织或户外装备公司分段承包步道及服务设施建设（BOT）、企业冠名赞助分段步道线路及服务设施建设、景区分段承担步道及服务设施建设等方式，多方调动社会资金参与步道的建设与维护。

9.7.4 建立步道运营管理机制

构建市级部门监管、区级领导协调、分镇划片维护、多元资金建设、专业公司运营、专业队伍保障（医疗、救援、防火、公安、救灾）、社会组织参与（步道协会、俱乐部、志愿者）的步道管理运营机制。

推出区域合作与联票运营方式，以步道为纽带，在一定区域范围内实现景区、世界遗产、风景名胜区、森林公园、地质公园、湿地公园、郊野公园及其关联空间之间的互联互通，通过联票、套票的方式降低户外休闲运动爱好者的游览成本，延长其消费时间，提升旅游综合效益。

9.7.5 强化赛事与节庆营销

1. 强化北京步道品牌的营销力度

北京市旅游发展委员会每年拨出专项宣传资金，联合各区人民政府面向北京市居民及国内外休闲运动爱好者，通过网站、微博、微信、电视台、报刊等方式，宣传北京步道品牌，营造全国著名的步道品牌形象。

2. 开展国际国内户外休闲运动比赛及节庆

将北京步道建设成为国际登山联合会（UIAA）会员国专业队伍的竞赛和训练地、国际山地户外运动指导员资格培训基地，举办国际市民体育联盟徒步大会（IVV）A级（休闲级）、B级（挑战级）赛事，举办国际自行车联盟（UCI）山地车比赛（越野赛）。

联合国家体育总局登山协会，成为国家登山运动训练基地，每年举办中国登山户外运动技能资质大赛。

吸引民间登山运动、自行车运动组织及队伍前来训练和竞技，成为户外休闲运动爱好者最专业练习和竞技场地、全民健身运动理想场地。

整合提升已有户外运动赛事，每年春、夏、秋季组织国际登山比赛、登山趣味比赛、徒步大赛、山地自行车赛。

9.7.6 完善北京步道配套系统

构建完整的北京步道系统，除步道、设施之外，还应构建安全、环保、监控子系统。

建立有效的安全救援体系，明确安全救援及突发事件处理流程（医疗、救援、防火、公安、救灾），提升户外活动的安全性，将风险控制在可接受范围之内。成立专业的安全救援队伍（医疗、救援、防火、公安、救灾），通过专业技能培训，由工作人员、医生、巡视人员、护林员、当地村民、志愿者等组成。

（项目负责人：丁洪建、贺剑；项目主管：周建明、岳凤珍；项目组成员：刘剑箫、郭余华、李克鲁、石亚男；项目领导协调：于军、刘斌）